10歳から始める！

起業家になるための「7つのレッスン」

Seven Lessons

こどもが将来
「会社」「組織」に頼らず、
自分で生きていくために!!

TETSU FUNAGAYAMA
船ヶ山 哲

辰巳出版

はじめに

ふたりのこどもを連れて、マレーシアの夜市に行ってきました。
日本でいうお祭りのようなものです。

・焼き鳥
・お好み焼き
・アイス
・洋服
・おもちゃ

たくさんの出店が様々なものを売っています。
その光景を見て、私は、長男レム（当時8歳）に質問しました。

「ここでお店を開くとしたら何をする？」

するとと長男は、こう答えます。

「儲かっているお店をやるね」

「なんで？」

「お客さんがたくさんいるから」

私の教えが伝わっているようです。

というのも、半年前までは、「誰もやっていないものをやれば儲かる」と答えていた長男ですが、

「誰もやっていないものは、お金にならないよ（市場がないよ）」と教えたからです。

次に、私はふたつ目の質問をしました。

「どこが儲かってた？」

「ジュース屋さんかな、たくさんの人が買ってた」

「じゃジュース屋さんやる？」

「うん、でも……」

「ジュース屋さんの飲み物がイマイチだったから、僕だったらフレッシュジュースを売るよ」


この回答には、さすがの僕も驚きました。

というのも、自分たちがお金を払った人気のライバルの欠点を衝《つ》き、改善策を投入することを体感することで理解しはじめていたからです。

ただ、ここで終わりではありません。さらに、長男レムはこうつづけます。

「僕だったら前にタイのハイアットで飲んだフレッシュジュース売るよ」

ここまできたら起業家センスありありです。

なぜなら、長男が答えたフレッシュジュースは、出来合いのフレッシュジュースではなく、果物を選び、ミキサーにかけて作るものだったからです。

このように、ビジネスをおこなう上で大切なことは、関連するものを連想ゲームのようにつなげていく作業です。

だから、私はこどもたちにいろいろな経験をさせているわけですが、まさか、このような形で具現化するとは、思いもしませんでした。

この間、わずか1分程度の会話です。

あなたは、この1分の間で、いろいろなことが網羅《もうら》されていたことに気づけたでしょうか？　もし、気づかなかったとしたら、あなたは再現することはできません。

これではビジネスに活《い》かすことができないので、順番とポイントをまとめます。

1．儲かっているお店をピックアップする
2．お客が殺到している人気店の共通点を探る
3．自分たちが実際にお金を払ったものから考える
4．人気のライバル店の欠点（穴）を見つける
5．過去の経験をリンクさせ改善策を見出す

このように文字として順に並べるだけで、今回の1分の会話がいかに凄いことか理解できると思います。

これは、親バカのようにも見えますが、ビジネスセンス的には完璧な見立てです。

何気ない親子の会話のように見えたかもしれませんが、私がこどもたちにおこなっている起業家教育の一環です。

なぜ、このようなことを、こどもが小さいころからおこなっているのかというと、これまで存在した日本の常識は大きく変わり、通用しなくなってきているからです。

終身雇用制、退職金の廃止、年金制度の先延ばし……。

今まで当たり前だったものが、この数十年の間に姿を変え、消え始めています。

ということは、今までと同じ考えで物事を進めてしまえば、今のこどもたちは未来を失うことになります。

そんな現状に、あなたは耐えることできますか?

私は、我慢できません。

いい大学に入り、いい就職先を手に入れれば、一生安泰《あんたい》という時代ではなくなったのです。

これからの時代は、「自立」しなければ、生きていくことすらできません。

・政府からの自立
・会社からの自立

年金がなければやっていけないとしたら、それは自立しているとは言えません。会社からクビを宣告され、明日からの生活に頭を抱えているとしたら、それは国や会社に依存した生き方以外の何ものでもありません。

それが現実です。しかし、この数十年で、日本の在り方が大きく変わったにもかかわらず、学校教育まで追いついていないのが実情です。

暗記教育に減点法……いい点数が取れれば優等生となり、悪い成績を取れば劣等生の烙《らく》印《いん》を押される。点数だけでは計れない大事なものが欠落しています。

この数十年、学校教育は何も変わっていません。

これは政府が戦後、画一的なロボット人間を育成するために考え出された勉強法であって、有能な人材を育てるというものではありません。

この詰め込み教育（暗記教育）は、世界ではアジアンスタイル（ないし中国方式）とされ、使い物にならない化石と呼ばれています。

その代表例が、大手企業や銀行の倒産です。

暗記教育による日本が積み上げてきた成功法則は完全に崩壊しました。

これでは、グローバル社会となった今、世界に伍《ご》しての革新など遠く及びません。

暗記型から思考型という発想の転換がなされない限り、未来も希望もあったものではないということです。

だから、私は早い段階から日本を飛び出し、世界の教育に触れ、こどもたちを起業家に育て上げるための教育をおこなっています。

それが冒頭で紹介した事例です。

ただ、このような教育は、通常、学校で教えられるものではないので、起業家となった親が経験を通して、教えていくわけですが、近年の日本の現状を見る限り、サラリーマン家庭に育ったこどもたちにも伝えておかないと、日本の未来はないと考え、筆を取った次第です。

私自身、サラリーマンの家庭に生まれ、30歳を超えるまでは、このような切迫した考えはなかったので、自分自身がまさか自立すらできていないという現実に気づくことはありませんでした。年金制度が事実上崩壊した今、自力で稼ぐ力を身につけなければ、老後破産を迎えるという現状を知った方も多いのではないでしょうか。

これは、ＮＨＫが大々的に取り上げ話題となりましたが、老後破産を迎えている人は、現時点で２００万人を超えたといいます。

それだけ、この老後破産は、いま社会問題となっていますが、これもまた自立したこどもたちを育てることができれば、防ぐことのできる未来です。

この問題を危惧しているという方は、こどもたちの未来を守るためにも、そして、この日本を守るためにも、この本を通じて、起業家思考（教育）を学んでいただければと思います。

それが、この本で初めに伝えたいことです。

ここからは具体的に、こどもたちに何を伝え、どのような考え方と視点を持って日々を過ごせば、政府や会社に頼らずとも自立し、未来を築けるのかという方法についてお話ししていきます。

ただ、今回のテーマに対して、学校や会社では教えていないことなので、抵抗を感じる人もいるかもしれません。あるいは、反発心が生まれる人もいるかもしれません。

それは不思議なことではありません。

人間、誰しも新しい生き方を、抵抗なくすんなり受け入れることはできないものです。

しかし、あなたが変わると決めなければ、こどもたちは未来を失います。

それは、親として耐えれないことです。

なぜなら、こどもは親の希望だからです。

自分にはできなかったもの（得ることのできなかったもの）でも、こどもには叶えて欲しいと考えるのが親でもあるからです。

だから、こどもたちの未来と可能性を切り開くためにも、新しい生き方にチャレンジしてみてください。

それが、こどもたちのためでもあります。

心の準備はいいでしょうか？

こどもとあなた自身の未来を守るための最初の一歩がここから始まります。

▲4章▼ 起業家教育 レッスン……④ 体験させる

5章 起業家教育 レッスン……⑤

客観的に判断させる ……121

6章 起業家教育 レッスン……⑥

観察させる ……145

7章 起業家教育 レッスン……⑦
実践させる

装丁 ◎ 杉本欣右
編集協力 ◎ 上田康晴（オフィス銀杏の栞）
本文デザイン・DTP・図版作成 ◎ サッシィ・ファム
企画・編集担当 ◎ 湯浅勝也

1章

起業家教育レッスン 1

「好き」を見つける!

Seven Lessons

こどもが寝ずに没頭する「好き」を見つける

ビジネスを始める上でもっと大切なことは、一生懸命とか努力に勝る「好き」に出会うことです。

多くの人は、この観点が乏しく、とりあえず今の自分でも入れる会社とか、儲け話に飛びつく傾向にあります。

しかし、その仕事が努力をしても報われることがないのは、自分の「好き」とは関係ないものに手を出してしまうからです。

これでは、**どんなに努力し、スキルをあげても、「好き」な仕事に就いた人には敵《かな》うことはありません。好きな道を選んだ人は、仕事という感覚はなく、好きなことを追求したら、お金になっていたという程度にしか考えていないからです。**

このように言うと、「『好き』はお金にならないと聞いたことありますが、それでも『好き』を探す必要ありますか？」という人がいます。

あえて言います。探してください。

たしかに好きな道でのビジネスで、稼げていない人（損してる）も大勢います。

それは、好きな世界というだけで、市場（ライバルとお客のたまり場）のないところでビジネスを手掛けた結果であって、好き＝趣味と市場の交わるところを狙えば、思う存分、楽しみながらビジネスをおこなうことはできます。

最初の段階では、深いことを考えるのではなく、まずは、市場を意識しながら「好き」を見つけることです。

ビジネスをスタートさせて、しばらくすると分かると思いますが、ビジネスはライバルとの「競争」です。あなたは、お客の立場で考えた場合、どちらの売り手から商品を買いたいと思いますか？

A社：手掛けるビジネスが大好きで、寝ずに仕事をしても一向に疲れないという経営者。

B社：儲け話ありきで参入したが、いざはじめてみると想像以上に大変で嫌々商売している経営者。

答えを出すまでもないかもしれません。多くの人は、A社の経営者から買いたいと願うはずです。なぜなら、A社の経営者は、「好き」をビジネスにしているので、一生懸命さがお客にも伝わってきて、好感も持たれます。

しかし、B社の経営者は、儲けありきでビジネスを考え、損得感情でつねに算盤《ソロバン》を弾き、儲からないと判断した瞬間、撤退もいとわないからです。

もちろんビジネスなので、利益は大切です。赤字のままつづけてもいいことはありません。しかし、ビジネスのスタンスとして、「好き」で手掛けるビジネスと、儲けありきで手掛けるビジネスとでは、会社の将来性を考えたとき、取り組む姿勢が会社の発展性に、大きな影響を及ぼすからです。

それゆえに、ビジネスを手掛ける以上、「好き」というワードは最大の要素でもあります。また、会社の成否に大きな影響を与えますので、最初の段階で「好き」であるかどうかを確認しておくことは大切です。

これは、こどもに対しても同じことが言えます。

初期の段階から、この「好き」を見つけておけば、あとから（将来）苦しむことはありません。「俺にはこれといった夢もないし、入れる会社なら、どこでもいいよ」なんてことを言い出すこともありません。

「好き」はそれほど大切なキーワードです。**「好き」こそが、こどもの未来を築き、楽しみながら、お金を得ることができます。**

まずは、ファーストステップとして、どんなことでもいいので、こどもが寝ずに没頭しているものをいち早く見つけ、こどもの気がすむまで、続けさせることが大切です。

その際、決して止めないことがコツです。夜遅いからといって、親が遮《さえぎ》ってしまえば、その時点でこどもの未来の可能性は閉ざされてしまいます。こどもが夢中になったものは、将来、花開く「種子《しゅし》」のようなものだからです。だから、こどもの「やりたい」に出会ったら、その日だけは、多少、寝る時間が遅くなったとしても、「いいよ」と言ってあげてください。一生という単位でみたら、その日、多少寝る時間が遅くなったとしても小さな問題ですし、成長に影響を与えることはありません。こどもの将来を考えたら貴重な一日となりますので、親としては、温かく見守ることが大切です。

こどもは疲れれば、ほっておいても寝落ちします。親としてこどもが感じる楽しいや「好き」を優先してあげることです。

遊びであれ集中できるものを見つければ、将来安泰

次に、こどもの「好き」を見つけることができたら、「集中力」を養ってあげることです。

人間は、24時間365日、集中をしつづけるということはできません。脳科学の観点から見ても、集中力はオンとオフで切り替わり、「オン」を保ちつづけることはできないのです。

オンとオフは、対《つい》の関係で成り立ち、意識的にオンの状態を作らなければ、超・集中状態に入ることはできません。

ここでのポイントは、「超・集中状態」です。感覚的に言えば、通常の集中状態を1と

すれば、100倍の集中を作るのが、超・集中状態となります。

これを心理学の世界では、「フローに入る」であったり、「ゾーンに入る」という言い方をしますが、心理学者のミハイ・チクセントミハイによって提唱された理論です。

知らない人のために、事例を交え解説すると、プロゴルファーがパットを打つ瞬間、観客の歓声や鳥のさえずり、草木の風音など、すべての音が聞こえず、カップしか見えないと言いますが、これがまさに、時空を超えた「超・集中状態」に入っていると言えます。

このように言うと、「一般人が、超・集中状態など必要なの?」という人がいますが、お子さんの将来を考えれば、疑問を感じること自体ナンセンスです。

「超・集中状態」さえ構築することができれば、何をやらせても、業界1位を狙うことは可能です。

そうは言っても、「さすがに、業界1位となると、能力や才能が影響するでしょ。うちの子は、普通だから……」という人がいます。

しかし、99%は努力であると「発明王」の異名を持つ天才発明家、トーマス・エジソンが教えてくれています。

ということは、今、業界で活躍し、輝いている人であるならば、さらなる努力で、可能性は、さらに高まります。ここでのポイントは、ボケッと他のことを考え、上の空で取り組むのと、超・集中状態のまま何かに取り組むのとでは、大きく意味合いは異なるということです。可能性の幅も大きく変わります。大切なのは、超・集中状態を作れるかどうかです。

私自身、起業後は、この超・集中状態を味方にし、ビジネスに取り組んでいますが、ひとりで年間何億円も稼ぎ、人の何倍ものもの収益をあげることができています。

また執筆においても、1週間で1冊を仕上げることもできるので、かなりのハイパフォーマンスだといえます。

このようにいうと、「超人ですか？」とよく言われますが、私自身は、いたって普通の人間です。にもかかわらず、超・集中状態を味方にし、武器として使いこなすことで、日頃は凡人であっても、その瞬間だけは、超人に変わることができるということです。

それが、「超・集中状態」がもたらす効果です。

この超・集中状態は、やり方さえ知ってしまえば、誰でもできますし、お子さんの未来に大きなインパクトを与えてくれます。


とはいえ、その肝心なやり方を知らないことには、武器として使うことができないので、具体的な方法についてお話ししたいと思います。

超・集中状態を作る上でもっとも大切なことは、やり方以前に、超・集中状態に入りやすい体質を作ることが重要です。その体質さえ、作ることができれば、あとは、簡単です。スイッチを入れるだけで、超・集中状態に入ることができます。

それほど、この超・集中状態は、体質づくりが成否を分けるわけですが、どのようにすれば、この体質を手に入れることができるのかというと、こどもの「夢中」に秘密は隠されています。

こどもというのは、純粋無垢です。感じたものを感じたままに受け止めます。

そのため、「夢中」になるために、何かをするということはなく、面白いことをしていたら、「夢中」になっていたというのが正解です。この習性が、超・集中状態へのスイッチを作ってくれます。

これは子育てを経験された方であれば理解することができるとは思いますが、こどもが面白いものに取り組む姿勢や集中力は、大人の想像を超えます。

時に、レゴをやっていると、何時間もジッと黙って集中し、仕上げることだけに意欲を燃やします。

それほど、こどもは大好きなものに取り組む際のエネルギーは異常値を示しますが、ここで大切なことは、親がいかにこどもの集中力を阻害しない環境を作れるかどうかです。

ここに、超・集中状態を作り出す体質づくりのヒントがあります。というのも、せっかくこどもがやる気になって、楽しいを純粋に楽しんでいるにもかかわらず、こどもの成長を喜ぶ親が、こどもの可能性を阻害したら、未来などあったものではありません。

それほど、親の教育や習慣は、こどもにも大きな影響を与えるわけですが、その際、親として大切なことは、こどもが夢中になり遊んでいるときは、どんな理由があれ、親がこどもの「夢中」を止めてはいけないということです。

ここで止めてしまえば、超・集中状態を発揮できない人間となります。何かに取り組んでも持続できないこどもを生み出すだけです。

これでは、超・集中状態に仮に入ることができても、すぐに、そのスイッチは、オフとなり、集中力のない欠けた人生に逆戻りです。

これでは、その他大勢と一緒になり、多くの人は、何かに集中しなければいけないという大切な場面でも、集中力を持続することができず、チャンスを逃してしまいがちです。しかし、こどもの頃に、超・集中状態を作ることができてさえいれば、スイッチを瞬時に入れることも、長く保ちつづけることもできるようになります。

こどもに集中力がないのではない。ツマラナイだけ

このようにいうと、「うちの子は、集中力がなくて……」という人がたまにいますが、(そういう人のほうが多いかも) 集中力がないこどもは、本来ひとりもいません。こどもは純粋であるため、つねに物事に対して好奇心を抱きやすい状態にあります。

しかし、その好奇心がストレートに表面化しないのは、ツマラナイか、大人の都合で押さえ付けられているかのどちらかです。

その典型は、「日本の学校教育」です。

これは、あなた自身、説明せずとも理解できると思いますが、とにかく日本でおこなわれる授業はツマラナイ。

これでは、こどもが飽きてしまうのは当然ですし、授業に興味を持つこともありません。

では、どうしたら、こどもが前のめりになって、学びに対しても「楽しい」を感じることができるのか？

答えは簡単です。**こどもを虜《とりこ》にしているものを探し、組み入れることはできないかと考えればいいことです。**

この観点に立つことができれば、こどもの集中力に悩むことはなくなります。

こどもが、物事に対する関心を抱くことができれば、「止めなさい」と言ったところで、こどもの意思で止めることはなく、夜通しやることもありますし、親に隠れて内緒でやりつづけることもあるからです。

こういうと、「それ分かります。わが家は、ゲームに頭を抱えています」という人がいますが、親であれば、誰もが一度は通る道であり、頭を抱えたことがある人も多いはずです。ここに勉強であれ、集中力を保つ秘策が隠されています。

それが、ゲームに隠された「中毒性」です。ゲームやスマホを研究すれば、さまざまな仕掛けが隠されていることに気づくと思いますが、**ゲームやスマホで提供されるコンテンツというのは、現在の学校教育と違って、ビジネスが根底にあり、ライバルとの競争で激戦を強いられています。**

ということは、競争を好まない現在の学校教育では、時代の荒波を乗り越えることは出来ません。

しかし、この事実に気づいている人は、そう多くはいません。

日本人の大半は、サラリーマン（雇われ人）としての人生であるため、自らビジネスを起こし財を成そうと考えてる人はいません。

ここも気づいている人は、ほぼいません。

なぜなら、サラリーマンでいる限り、安定に安住し、仕事は否応なくあっても、そこから一歩踏み出し、積極的にビジネスをおこなおうとはしないからです。

だから多くの人は、文句を言いながらも社畜となり、安定という名の会社の歯車から抜け出すことはできないのです。

とはいえ、仕事とビジネスの違いとは一体何か？　ということが分からないことには、打開策も見出すことができません。そこで私なりの定義を述べてみたいと思います。

仕事は、会社に与えられた業務を作業としておこない、給料という形で報酬を受け取ることに対し、ビジネスは、顧客にとっての価値を生み出し、対価交換することで報酬を得ることを指します。

このように、仕事とビジネスは、まったく違うものです。

多くの日本人は、年収１０００万円（サラリーマン世帯）を目指す生き方を選択しているわけですが、会社から依頼された作業をおこなっている間は、本当の意味での自由を手に入れることなどできません。

これは、私があえて言わずとも、あなた自身が一番よく理解していることだとは思いますが、時間と労力を対価に換えている間は、上限をすぐに迎えるのは明白です。

それを踏まえた上で、先ほどの学校教育の話をすると、学校の先生というのは、ある意味、文部科学省から雇われた作業人です。

ということは、自分の意見を持つこともなければ、教育自体を変えることもできません。だから、先生自身、日本の教育が「ダメ」と知りながら、何もできない自分に苛立ちを感じてしまうのです。

これでは、日本の学校教育が変わるのは、早くて30年後です。

そこで、海外の教育に目を転じてみましょう。

最近、よく言われているのが、「アメリカの親は経営者を育て、日本の親は、労働者を育てる」というもの。明らかに風土の違いから来る考えかも知れませんが、ハワイで起業し、エステサロンなど5つの事業を運営しているイゲット千恵子さんは、「日本では、お金教育が10年遅れている」と言っています。その根本的違いは、「日本人はお金はもらうものだと思っているが、アメリカ人はお金は自分で作るものだと考えています。小学校の授業でも、どうしたら利益の出るビジネスができるかをゲームをとおして学んでいる」といいます。（『経営者を育てるアメリカの親、労働者を育てる日本の親』イゲット千恵子より）

そもそもサラリーマンの人口が少ないということも大きく影響していると思いますが、言うことを聞くだけの人間は、ビジネスの現場では足手まといになるということを知っています。

だから海外の教育では、早い段階で、社会に順応するこどもたちを育てるための教育がおこなわれています。

このような教育は、日本だけしか知らない人にはイメージがわかないと思いますので、ひとつ例をあげると、アメリカでは夏になると、こどもたちが街に出て、レモネードを作り、お小遣いを稼いでいます。

これは良い悪いではなく、人生のゴールに対する考え方の違いが、この差を生んでいます。

日本の教育：言われたことをきちんとできるサラリーマンを育成
海外にみられる教育：世の中が求める価値を創造できる起業家を育成

このゴールの違いが、学校教育に大きく影響を与えているわけですが、ここでひとつだけ言えることは、時代が変わったことで、日本の中における認識も大きく変わったということです。

日本が経済大国となった時代と違って、今は日本ですら、言われたことをやるだけの人間は無能と罵《ののし》られ、自分の意見を持たない人は軽蔑されます。

これが世界ともなれば、なおさらです。

このままでは、今後、日本が世界と競い合うことは、ほぼ不可能です。

没頭する「好き」が見つかるまでは、いろいろやらせる

だからといって、親の立場で考えた場合、「はい、そうですか」と、こどもの教育を学校任せにするわけにもいきません。

それは親として、一番やってはいけないことですし、世界の起業家教育の観点から見ても、あり得ないことです。

私の知る限り、海外の教育と日本の教育の大きな違いは、「こどもの教育は、誰がおこなうものか?」という認識の違いが大きく影響しています。

ちなみに、日本の場合、こどもの教育は、学校がおこなうもので、親はサポートに徹するものと考える人も多いわけですが、海外は違います。海外の場合、こどもの教育は親がするもので、学校はあくまで補佐的役目という位置づけとなります。

なぜ、このような考え方になるのかというと、そもそも海外は、サラリーマンになると

いう発想がなく、起業家的思考が根付いているからです。そのため、教育も、学校ではなく、親がおこなうものと考えています。

それを示す例として、起業家の親の側《そば》には、こどもが必ずいます。

それがビジネスの現場であれ、プライベートな集まりであれ、関係なく、起業家の親は、こどもに寄り添い、公私ともに親の姿を見せることを徹底しておこないます。

これが起業家を育てる上で、一番大切かつ時間をかけておこなうものと認識しています。

このように、親がこどもの将来を一番に考えるのは当然ですし、**こどもの成長の種となる「好き」を見つけるのも親の役目です。**

海外では、親はプライベートを重視し、こどもの可能性を見出すために、さまざまな手《て》札《ふだ》(材料)を親が用意していきます。

というのも、こどもは、まだ、世の中の仕組みを知りません。

そのため指標となる選択肢を親が示さない限り、こどもは選ぶことすらできないのです。「夢は、何？」と聞いたところで、明確な回答を得ることはできません。

これは回答できないこどもがいけないのではなく、選択肢を見せていない親の問題です。とはいえ、親の考えを押し付ければいいのか？　といったらそんなことはありません。良い悪い抜きにして、たくさんのものを見せて、経験させ、没頭できる好きを一緒に探していけばいいだけです。

焦ることはありません。すぐに見つかる人などいません。大人ですら見つかってない人などゴマンといます。

大切なのは、たくさんの手札を見せて、その中から一番と思えるものに出会わせてあげることです。

そのためにも、親としての役目は、手札の数をいかに多く見せられるか、経験させてあげるかが鍵となります。

それができないからといって、学校に責任を押し付けるのは、大きな間違えです。責任転嫁しているにすぎません。

それで悲しむのは、大切なお子さんなので、こどもの未来を輝かしいものにするためにも、数多くの手札を見せ、経験させることを重視してください。

ゲームは悪ではない。ビジネスはゲームと同じ

「我が家は、ゲーム三昧なので、今さら、未来の手札をこどもと一緒に探せるかな?」と心配する人も多いかもしれませんが、起業家の観点から言わせてもらうと、ゲームは決して悪いものではありません。

たしかに、やりすぎると目を悪くするかもしれませんが、ゲームがもたらす恩恵はたくさんあります。

とくに、最近は、昔と違って、バーチャル上でのコミュニケーションが重要視されていますし、直接会うこと以上に、スキルが求められます。

というもの、メールを含め、二次元の世界では、やりとりが一方通行であることと、文字に抑揚《よくよう》をつけることができないため、少し間違った表現をするだけで関係を一瞬で壊し

てしまうこともあるからです。

その点、リアルに会うことでのコミュニケーションは簡単です。

「怒られたら、とりあえず会えば何とかなる」と考える人も多いように、会った時点で、わだかまりをひとつクリアすることになるからです。

だから、アナログ時代に生きた人間は、会うことを優先しますが、生まれたときからスマホがある新世代は、そうは考えません。

「会うこと＝非効率」だと考え、むしろ、嫌う傾向にあるからです。

その典型が、飲みニケーションです。今では死語になったので、上司が部下を無理に誘うという光景を見なくなりましたが、新しい文化を持った新世代にそんなことをしたら、パワハラで訴えられます。


これを聞くと、昭和世代のお父さんたちは、世知辛い世の中になったと、目に涙を浮かべるかもしれませんが、昔をいくら懐かしんだところで、変わりゆく時代を戻すこともできませんし、新世代に自分たちの文化を押し付け、説教したところで、ウザいと思われるだけです。

では、どうしたら、その変わりゆく文化に順応し、変化を楽しむことができるのか?

それは、**「ゲームは悪ではない、学ぶべきものがある」と、広い視野を持つことです。**

そうすることができれば、ゲーム=敵ではなく、むしろ新世代を知ることのできる教科書として受け止めることができるかもしれません。

このように言うと、「船ヶ山さんがゲーム好きだから、われわれに考え方を押し付けているのでは?」と、考えてしまう人もいると思うので、先に言っておくと、僕はゲームをしませんし、楽しいとも思いません。

それでもゲームを推奨する理由は、ビジネスはゲームに似ているからです。ゲームの世界でお金を賭ければ、賭博罪になりますが、ビジネスでは、堂々とお金を使うことができますし、投資したお金が何倍にもなって戻ってくることも考えると、この上ない刺激を体感することができます。

そんなわけで、自分のこどもには、ゲームをやってもらいたいと思いますし、ゲームを通じてビジネスの楽しさを知ってもらいたいとも考えてます。

このようにゲームは、さまざまな恩恵をもたらしてくれるわけですが、ここで大切なことは、目先のことだけで、判断するのではなく、こどもの将来を含め考えることです。

これは、身近にいるご主人や兼業で働いてくれている奥さんを見れば分かると思います。

ご主人が一日中パソコンに向かって仕事をしている光景を見て、どのように感じますか？

おそらく大半の人は、「家族のために仕事を頑張ってくれてるんだ」と感謝するかもしれません。

しかしパソコンは、道具にすぎません。

そのパソコンで何をおこなうかで、仕事になるか、遊びになるかが決まります。

それを、こどものゲームを頭ごなしにダメというのは早計なのです。

パソコンもゲームも所詮、機械であり、効率をあげるツールです。そこに早く気づかない限り、こどもの未来を守ることはできません。

大切なことは、パソコンやゲームをやるとかやらないということではなく、一日中パソコンに向かっていられる集中力を評価すべきです。

というのも、先ほど言ったように、パソコンやゲームは道具であり、その画面に仕事を写すか遊びを写すか、これだけの差でしかありません。将来、起業を含め考えた場合、ビジネスはリアルゲームなので、ゲームをクリアすることであったり、ゲームで勝つということを今のうちに体感しておけば、ビジネスで成功するのは簡単です。

しかもゲームであれば、失敗してもお金を失うこともなければ、倒産することもありません。

これほど、いい練習の場はありません。

だから、あなたも目先のことで、頭ごなしにダメというのではなく、お子さんの将来を少し考え、サラリーマンではない生き方も、これからはあるのかもということを知ってください。

そうすれば、今やっているゲームが、お宝アイテムに見えるかもしれません。

◀2章▶

起業家教育レッスン 2

背中を見せる

Seven Lessons

起業家教育は、学校に任せるな！　親が教えろ

日本の教育が、なぜ世界で通用しなくなったのかというと、各国企業の発注が中国に流れたことが大きく影響しています。

ひと昔までは、made in china は、製品としてのクオリティーは低く、使ってもすぐに壊れるというものばかりでしたが、今は違います。中国製品といっても、非常にクオリティーが高く、壊れにくいものが、世界に出回っています。

なぜ、中国製品は、この数年で急激に品質を向上させることができたのか？

それは、世界のお金が中国に流れたからです。

その理由は簡単で、日本はやりすぎたからです。バブル時代にアメリカの一等地を買いあさり、アメリカに噛み付いたのが、そもそもの間違いでした。

当然、そんなことすれば、干されるのは当然ですし、日本は終わりました。バブルが崩壊してから、約20年。世界が日本に対する評価はいまだ変わらず、回復する見込みはあり

ません。

これはハリウッド映画を見ても分かるように、アジア人枠は中国に奪われ、日本人が出る機会はあまりありません。それほどアメリカは、日本に怒ったということです。

しかし、日本は今もなおアメリカの傘下に入っているため、完全に捨てられたということではありませんが、アメリカによる日本への自由経済導入により、官僚が大手企業に発注をかけ、下請けが作業するという構図は完全に壊れてしまいました。

これにより、日本のこれまでの成功法則は、崩れ落ちました。

終身雇用の崩壊、年功序列の廃止、役職定年の導入など、今まで大手企業が約束してきたもの、すべてがなくなってしまったのです。

当然、そうなれば、学校教育も変わらなければいけません。

今までは、上の言うことを黙って聞くロボット人間を育てれば良かったわけですが、官僚から大手、大手から下請けに、という上意下達《じょういかたつ》の制度が壊れてしまいました。これから

◎フリーランスの実態

広義のフリーランスのうち、副業（本業・副業を区別しない労働者を含む）フリーランスの数は744万人、経済規模は7兆8,280億円となり8兆円近い規模となり、この傾向は今後も増加が見込まれる。
業務委託ベースのパラレルワーカー数が伸長している傾向にあり、会社員から副業を経て個人独立オーナーのフリーランスとして独立するケースも見られ、副業フリーランスの職種として接客や作業の仕事のほか、営業などのビジネス系の仕事が半数を超える結果となった。

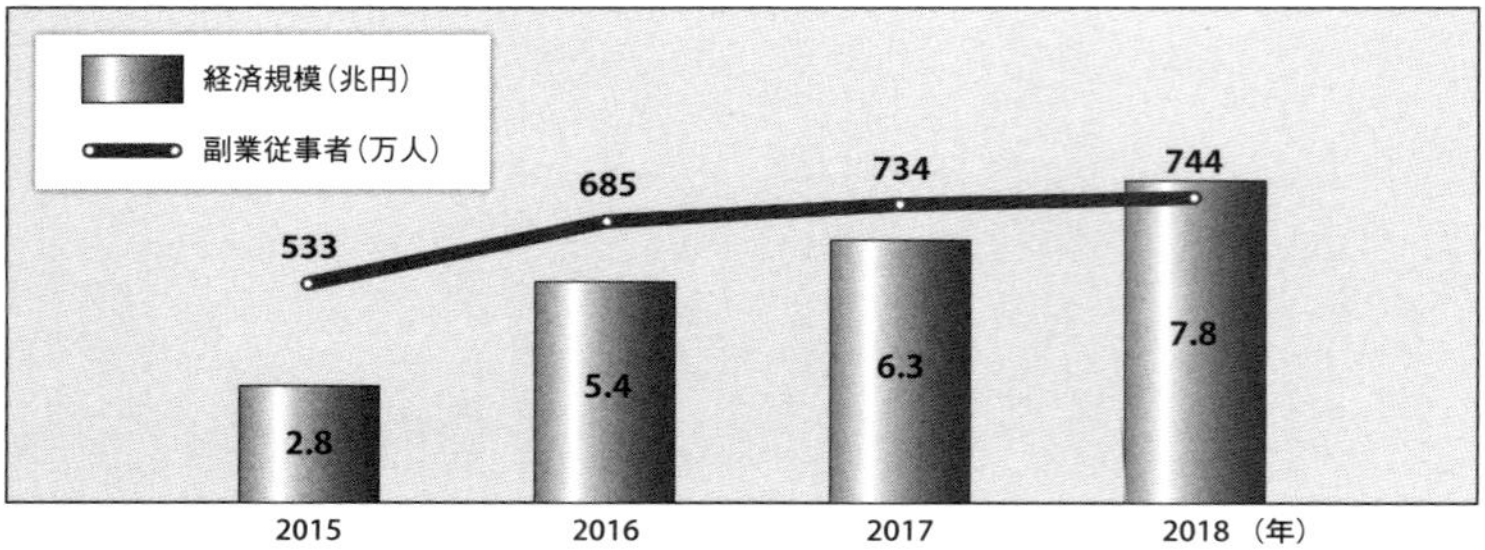

（出所）ランサーズ、「フリーランス実態調査」〈2015年3月／2016年2月／2017年2月／2018年2月実施〉の「副業系すきまワーカー」、「副業系パラレルワーカー」の合算値より

は、自ら考え、価値を生み出す人間が出てこなければ、この先、日本は生き残ることはできません。

そこで必要となるのが、親という存在であり、起業家教育です。

今、日本は変わろうとしています。ネットに慣れた新世代を含め、大企業に入社することが必ずしも正解だと考えない人たちが増えたことで、会社に所属せず、フリーで働く人たちが急増しています。

当然、そうなれば、これまで学校でおこなわれてきた右向け右式の画一化に偏重した暗記教育では通用しません。

これからは、フリーで生きる人たちに限らず、自由な発想からの価値を生み出す人間が必要となります。でなければ、今後の未来を生きることはできません。

そのほかにも、新世代の考え方は、今までとは大きく異なっています。今のこどもたちは、早い段階からネットに慣れ親しんでいることで、世界を体感値で理解し始めているということです。

その証拠に、将来なりたい職業ランキングは、YouTuberなどと、昔とは大きく異なり会社に属さない職種が上位を占めています。

このように考えると、大手企業に入れたいと考えているのは親だけで、こどもは大手企業だろうが、個人だろうが関係ないということです。

いまや、大手企業はこどもたちの憧れではありません。もっとほかに、カッコいいと思えるものがあるのです。

これからの時代は、大企業ではなく個人が活躍する時代です。それもこれも、親であるあなたに、こどもの未来はかかっています。

憧れが未来の社長を生み出す

こどもにとって親の存在は絶大です。

良くも悪くも影響を与えます。

それを示すひとつの例があるので、ご紹介します。


こどもは、なぜ自らの足で「立つ」ことを知ったと思いますか?

個人差は多少あれど、大半のこどもは、1歳前後で壁づたいに立ち始めます。親はこどもに「立ちなさい」と教えていないにもかかわらずです。

ここに今回のテーマの秘密が隠されています。

というのも、親が立ちなさいと立ち方などを具体的に指導したというなら、理解することもできますが、大半の親は、こどもにまだ何も教えていません。

にもかかわらず、勝手に立ちはじめ、転んで泣いても、立つことを止めないのです。

なぜか？

答えは簡単です。親の立つ姿を見て、自分も立つのが当然と考えるからです。だから、こどもは、親が教えなくても立つことを自分で決めます。

これは立つことに限ったことではありません。

こどもは親の背中を見て育ち、常識を身につけます。

ただ、この常識の怖いところは、どんな常識を身につけたかで、こどもの未来は大きく変わるということです。

盗人の親がこどもを育てれば、他人から物を盗むのが常識となり、逆に、人に尽くすボランティアこそ正義と考える親がこどもを育てれば、こどももボランティアに誇りを持つようになります。

このように極端な例を列記すると、当然ボランティア的生き方に理想を求めますが、一概にそうとは言えません。

ボランティアに関して、絞って説明しますと、日本のボランティアの考えと海外のボランティアの考えには大きな隔たりがあります。無報酬でやるものが、ボランティアと考えている人が日本には多いわけですが、海外は違います。ボランティアといえども、お金は発生しますし、国の機関がやっているＪＩＣＡなどは、ボランティアといいながら、さまざまな手当てが支給されます。

こういったことを知らずに、「ボランティア＝無償」という常識をこどもに植え付けてしまうと、世界の常識の前に、こどもはたじろいてしまいます。

なぜ、このような奇妙なことが日本では根付いてしまったのかというと、自己犠牲は美徳という間違った考え方が広まってしまったことが、そもそもの原因ではないでしょうか。

このように言うと、「無償で人を助けて何が悪いんですか?」という人がいますが、ボランティア自体がいけないわけでなく、家庭を省みずボランティアに専念するあまり、貧乏になるのは、親として、こどもに見せる背中ではないということです。

というのも、本来、親というのは、こどもの幸せを考え、貧乏でいいなどと考える人などいません。誰だって、自分のこどもは豊かに育って欲しいと願うものです。

だとしたら、人の幸せを盾にして、貧乏を正当化する生き方はこどもには、見せないことです。

なぜなら、こどもは言葉を連想ゲームのようにつなぎ、自分の人生の指針としてしまうからです。

ボランティア＝笑顔を運ぶ救世主＝そのためには自分は貧乏でも泣きごと言わない＝なぜなら親の教えだから＝だから私もボランティアに生きる

なぜ、このようなことを言うかというと、先ほどの例にあった、こどもが自らの足で立つ理由と同じで、親の人生を正《せい》とし、人生を良くも悪くも引き継いでしまうからです。正解であるか不正解であるかは別として、もしボランティアをおこなうのであれば、まずは自分がゆとりある生活を送り、家族を幸せにした上で、それでも余力あるようであれば、他人を救うことです。でなければ、家族を苦しめます。このような考えは、海外では当たり前で、自分が犠牲を払ってまで他人を救う人はいません。

まずは、自分を満たすことが大切です。その上で、家族、友人、知人、世間の順番で進めていくことが、皆を幸せにする鍵となります。

そのために、やるべきことは、自らが成功し、その証しをこどもたちに見せることです。

貧乏を、いくら綺麗事でコーティングしたところで、憧れになることはありません。お金を稼ぎ、お金を使う喜びを見せてあげることができれば、こどもの憧れにもなりますし、こどもの常識ともなります。報酬を給料という形で甘んじるのではなく、自らビジネスを起こし、自分で稼ぐ喜びを同時に伝えるようにしてください。そのアナタの背中が、未来の社長を生み出します。

L 手段はあと、まずは欲に火をつけろ

それを踏まえた上で、次なるステップは、**こどもがワクワクするような刺激に満ち溢れたライフスタイルを見せることです。**

なぜ、このワクワクがこどもにとって大切なのかというと、憧れを作りやすいということと、心理に影響を与える原因が紐《ひも》づいているからです。

これは、最近のこどもが夢を持たなくなった理由にも大きく影響しています。いわゆ

る、ゆとり世代（1987年4月2日～2004年4月1日）や、さとり世代（2005年4月1日～）が生まれた理由でもあります。

この実験は、「パブロフの犬」という名でおこなわれた実験なので、ご存じの方も多いかもしれませんが、じつは、この実験には『つづきがある』ということをご存じですか？

パブロフの犬についても、初めて聞いたという人のために、簡単に説明すると、別名、条件反射と呼ばれ、ソビエト連邦の生理学者イワン・パブロフによって発見されました。

実験内容は、いたってシンプルです。餌をあげる前にベルを鳴らすことで、犬は「ベルが鳴る＝ご飯」だと認識し唾液を出すようになります。

ここまでは、聞いたことがある人も多いので説明はこれぐらいにしますが、本題は、ここからです。同じような実験※をマウスでおこない、電気ショックを与えることで恐怖を数値化するという実験がおこなわれました。

※ミシガン大学のヤツェク・デビエッチ博士の実験＝マウスを使い、恐怖体験やトラウマが子世代に遺伝することを全米科学アカデミーで発表。雌のマウスに軽い電気ショックをくり返しながらペパーミントの香りを嗅がせると、これがトラウマとなり、子マウスも母親と同じ恐怖を示したという。

ここまでは先ほどと変わらないわけですが、この話には、つづき（メイン）がありました。

電気ショックを与えたマウスが産んだ子ネズミに電気ショック同様の光を当てた瞬間（あくまで光のみ）、恐怖数値を感知するようになったといいます。

これに驚いた学者は、実験外のネズミにも同様の光射テストをおこないましたが、恐怖の数値を検出することはなかったといいます。

これにより分かったことは、ひとつ。

お母さんの経験は、細胞を通じてこどもに引き継がれるということです。これが、今のこどもが夢を持たなくなった原因です。

バブル崩壊後、日本人は我慢することが当たり前になりました。どの会社も売り上げが低迷し、給料はカットされることはあっても、上がることはない。ボーナスも支給されないのが当然となり、正社員であっても派遣と変わらない生活の人も数多くいます。

そうなれば、結婚し、こどもが生まれても、贅沢は敵となり、我慢、節約をすることが正義となります。

結果、お母さんの我慢は、細胞を通じてこどもに伝播《でんぱ》され、夢を持たないこどもが日本中に溢れかえってしまったということです。これが、今の日本が生み出したゆとり世代やさとり世代です。

このように述べると、今の人たちは可哀想に思えるかもしれませんが、本人たちは不幸だという感覚はありません。むしろ、それが当たり前であって、贅沢する理由や意味が分からないのです。

なぜなら、この感覚は、細胞レベルで引き継がれているため、本人たちは我慢しているとは思ってもいないからです。

そのため、中高年の人から見たら、今の若い人はハキがないとか、欲がないように見えますが、それは大きな間違いです。

彼らたちに欲がないのではなく、その親たちが我慢を強《し》いたことで、夢を持たないこどもを細胞レベルで産んでしまったことが大きな要因です。

もちろん、それ以外にも、スマホの登場で、効率を優先するばかりに、面倒なことを避けたがる傾向にはありますが、それは、あくまで生活習慣の一環であって、補足的要因にすぎません。

それよりは、細胞（遺伝）レベルで根付いてしまったものを、根底から変えることができなければ、この先、日本の発展は、さらに沈んだものになることは、容易に想像できます。

それほど、細胞は人間にとって大きな影響を与えるものだということです。

とはいえ、今さら、細胞を変えることはできないので、今からやるべきことは、ひとつ。

これからの自分は我慢しない生き方を選択し、思いっきり人生を楽しむことです。なぜなら、こどもは親の背中を見て育ちます。親がいろいろなしがらみの中で我慢して生きている背中を見せれば、夢を持てないこどもが育ちます。反対に、勇を鼓して生きている親の背中を見せれば、こどもは言わずとも夢を持つ生き方をするものです。

そのためにやるべきことは、あなた自身が、まず輝くと決めることが大切です。その背中が、こどもの未来となります。

何が正解で価値があるかは親の背中で語れ

世の中、正解・不正解はありません。

すべて正解です。

「人を殺すことは不正解」という考えは、日本では、正解ですが、戦争がおこなわれている国に行けば、人殺しであっても「正解」となってしまいます。

何が言いたいのかというと、決して賛同できない「非道徳」なものであっても、時代、状況や取り巻く環境によって、世の中の善《よ》し悪《あ》しは、変わってしまうということです。

極端な例を挙《あ》げましたが、一歩海外に踏み出せば、日本の正解は、海外では不正解となり、海外では正解なものが、日本では不正解なんてことはよくあることです。

それを知らずに、自説に固持する人は、柔軟な頭脳の持ち主ではないといえます。

時として、自説を曲げ、強引にでも舵を切らなければ、生き残ることができない事態に直面することもあります。

それを示すひとつの例をお伝えします。

これは、コロナ騒動で実際にあった実例ですが、この方は、早々にコロナの危険を察知し、運営していたバーを閉めることにしました。しかし、独り身ならまだしも、従業員を抱え、家賃が発生するとなると、日銭であれ、稼ぐ必要があります。

そこで、この方が出したアイデアは、「手作りマスク」の製造販売です。

当時は、十分な仕入れをおこなうことができなかったので、端切れを生かし、デザイン性のあるマスクを考案。これが、ミラクルヒットを生み出しました。バーの従業員が総出で取り組んだ結果、マスクは飛ぶように売れ、一時凌《しの》ぎで始めたマスク販売は、バーで働く従業員を養うだけの大きな売り上げを作ることができたのです。

このように**窮地に陥った瞬間、人間の真価が問われます。**

これまでバーを運営してきたからといって、あのままバーにしがみついていたら、今ごろ、従業員の全員が路頭に迷っていたかもしれません。

しかし、経営者の早期判断で、新たな希望を掴むことができた上、マスクがなく困っている人のお役に立つこともできたということです。

ただ、ここにあげた例は、コロナに限ったことではなく、日ごろから、親がこどもに、何が人生における正解か、その価値観を教えることは大切で、世の中には、これまでの経験値から正解・不正解は動かしがたく、決まっているものと考えている人が大半かも知れませんが、むしろ、正解を作った人が成功を手にしているという事実があります。

これは法律の分野を見てもそうです。契約など、すべて世の中には、ルールや規則があり、正解を作った人間が都合よくなるように作られています。言われたことを守っている人間にとっては、窮屈なものばかりです。

その典型が、「会社の規則」です。

会社の規則というのは、社員を拘束するためのものばかりで、自由を与えるものではありません。

その点、自分で会社を作った場合は違います。

自分の都合だけで、すべてのルールを決めることができるため、嫌なものは嫌と言えるし、規律を作ることで社員に守らせることもできます。

これが自分で会社を作る特権（メリット）となります。

ただ、何の基準や考えもなくルールを作るというのは、かなり難しいことです。そこで、親でもあるあなたがこどもに対し、自分の信じる正解や価値観を教えることができれば、こどもは間違った方向に行くことなく正しい道を歩ませることができます。

それが、親が背中で語り、見本を見せることの大切さです。

親の背中は、こどもにとって、人生の羅針盤となります。親の正しい道を伝承させるためにも、あなた自身が他人のルールに縛られることなく自由に生きることを、まずは意識的に実践してみてください。

その姿が、こどもの将来に影響を与え、必ず好結果を生み出すことになります。

繰り返すことで常識を変えろ

ただし、これまで培ってきた習慣をそう簡単に変えるというのは、並大抵のことではありません。それが簡単に思えたものであっても、習慣を変えるとなると一苦労です。

では、どうしたら、これまでの習慣をより良いものに変え、人生をより豊かなものにすることができるのか？

それは、**親がルールを作り、こどもに対し、時間をかけてゆっくり伝えていくということです。**

ここに習慣化を成功に導くヒントが隠されています。

こどもは親がすべてです。親が正解と言ったものは正解と考え、不正解と言ったものは不正解と思います。

ビジネス経験のないこどもには、判断基準がないので、親が言ったことが正解の基準となります。

もし、あなたがサラリーマン的発想で、年収１０００万円を目指すような価値観をこどもに植えつけてしまうと、そのこどもは、起業家としての人生を遠ざけてしまいます。

このように言うと、年収１０００万円を、サラリーマン人生の目標とする人は、憤りを覚えるかもしれませんが、年収１０００万円は決して、大金ではありません。時間と労力を会社に奪われた代償としては多くはありません。囚人と変わりありません。

だから私は、７年前にサラリーマンを辞めることを決めましたし、年収１０００万円で満足することのない人生を歩むことにしたのです。

それが、今の私を創りあげた起業家としての人生です。

当然、こどもにも親として、年収1000万円という低い年収で満足するような生き方を教えたくありません。人間にとって一番大切な命（寿命）を、会社に売る働き方がサラリーマンでもあるからです。

月曜日になれば満員電車に揺られ、いつもの道をいつもどおりに何十年も通わなくてはいけないのです。

しかも会社に着けば、冴えない上司の下で愚痴を言いながら仕事をおこない、たまの休みは、交代制の当番で自宅待機。これでは、自由などあったものではありませんし、自分の人生を生きることなどできません。

それで年収1000万円が上限となれば、何のための人生なのか分かったものではありません。

こどもの未来は、年収1000万円を上限にするにはあまりにも低すぎます。これは、あなたが自身が一番理解しているはずです。

どう考えてもサラリーマンの給料だけでは、満足いく生活などできません。それを、あなたは自分のこどもに勧めようとしているのです。

名門校を受験させ、大手企業に就職させる。最後は年収１０００万円を目指す人生を歩ませ一生を終える。

これって本当に幸せですか？

もし、あなたが人生をやり直せるとしたら、同じ人生を歩みたいと思いますか？

私は、そんな人生、嫌ですし、退屈すぎます。

ましてや、こどもにはサラリーマンという生き方、絶対させたくありません。

これは、私が、10年間サラリーマン生活を送り、起業家人生と比較した上での結論です。

もちろん、起業家人生は大変なこともあります。サラリーマン時代と比べて何倍もの責任とストレスも感じます。

ただ、その分、楽しいことも何十倍、何百倍と得ることができるので、起業家人生を辞めたいとは思いません。

そこが、サラリーマン人生との大きな違いです。

大半のサラリーマンは、定年が定まっていますが、起業家や経営者は、ある意味、定年がないので、定年を自分で決めることができます。70歳でも80歳でも100歳でも自分が働きたいと思う限り、現役で居つづけることができます。

定年後、家で何もせず、残りの人生を、ただただ無聊《ぶりょう》を託《かこ》って、テレビを見つづけるだけの人生のほうが大変です。というより地獄です。

それよりは、自分の体力と気力がつづく限り、趣味でもある仕事に向き合っているほうが幸せです。

その証拠に、会社を経営している方で、65歳で退職している人もあまり見ないことを考えると、仕事に対する面白さや向き合い方は、サラリーマンとは全然違うといえます。

これが自分でビジネスを起こす起業家の生き方となるわけですが、こういった考え方は、一朝一夕に身につくものではありませんので、日々ゆっくり時間をかけて、こどもたちに起業家になる素晴らしさを教え伝えています。

それが結果として、彼らの将来を築き、未来を生きることになるからです。

3章

起業家教育
レッスン 3

イメージさせる

Seven Lessons

まずは教えるな！　見せることが教育の第一歩

真の教育とは、「教えることではなく、相手の行動を変えることだ」と私はビジネスの先生から学びました。

たしかに、これまでの自分を振り返ると、教えてもらったときに人生が変わったということはなく、行動を変えたときに、人生が変わったのを記憶しています。

ただ、ここでのポイントは、言うのは簡単ですが、それを実現させるとなると、かなり難しいということです。しかも、自分ではなく相手の行動＝人生を変えるとなると、奇跡的な感動を呼び起こさない限り、相手の心を動かすことはできません。

しかし、これには、やり方があります。

最良の相手を動かす教育方法として、3つのステップを踏みます。

これを知ることができれば、相手の行動は変わり、成果を届けることもできるので、指導することに喜びを感じることができます。

これは、教育というものを一度でも経験したことのある人であれば、理解できると思います。人は教え子が成果を出したときに、喜びを感じ、教え子から感謝を受け取ることができます。だから、あなたがお子さんであれ、部下であれ、指導する立場に今いるというのであれば、教えること＝教育と考えるのではなく、相手の行動を変えたときにこそ、真の教育はおこなわれ、願いを叶えることができるということを知ることです。

そのためにやるべきことは、３つのステップをベースに考えていきます。

1・見せる↓2・教える↓3・修正する

詳しく検証していきます。

多くの人は、教育というと、いきなり教えることからスタートさせますが、それは一番やってはいけないことです。

なぜなら、見たこともない未知なる世界に誘うのですから、いきなり教えこもうとしてもイメージは湧きません。むしろ、教える側と教えを受ける側との間に微妙なズレが生じる可能性があります。

その典型が、日本の「学校教育」です。

先生は、生徒に対し平等に同じことを教えているつもりでも、生徒への伝達の仕方で成績に大きな誤差が生じるのは、これまでの横並びの画一的な教育に主眼が置かれ、スタートラインが各々の能力によって違うことに気づいていないからです。

そういったことも認識せずに、学校では、各自のスタートラインを認識しないまま一緒に扱うことで、生徒間の能力の格差がどんどん拡大してしまいます。

この問題を解消してくれるのが、**「見せる」**ということです。

前章でも、親の背中を見せることが、こどもの未来を決めるというお話をさせていただきましたが、何事も手本を見ないことには、イメージすることができません。

これはこどもに限らず、大人も同様です。

新入社員として会社に入って、まず初めにおこなうことは、先輩に同行し、仕事ぶりを見せてもらうことです。その上で、同行先で事例を交えながら先輩に教えてもらうからこそ、独り立ちすることができます。

その結果、誰もが平等に仕事を覚えることができますし、1年後には教育係りに任命されるなんてこともあるのです。

これは、大人であっても、最初に「見せる」過程を踏むことで、その後の教えが、すんなり入ってくるということは、これまでの経験で分かっている方も多いはずです。

よって、**まず指導をおこなう上で大切なことは、教えるではなく「見せる」ということです。これを徹底的におこなってください。**

その上で、次に**「教える」**です。

ここでやるべきことは、一から何かを教えるのではなく、これまで見せてきたものに対し、何をやってきたのかを解説するというほうが適切かもしれません。

なぜなら、それほど「見せる」の与える効果は、絶大なわけですが、「見せる」という訓練期間をセコく短くしてみたり、断片しか見せないと、全体を見通すことができず、肝心の細部の構図に気づくことができないからです。

それだけ「見せる」は、大切な要素でもあるので、十分な時間をとることです。

そこさえ抑えることができれば、この「教える」（解説部分）に移行しても、スムーズにおこなうことができます。


それを踏まえた上で、次におこなうべきことは、**「修正」**です。

なぜ、この項目が必要なのかというと、「見せる」、「教える」を経たとしても、微妙にズレが生じたり、解釈を誤認識してしまうことがあるからです。

それを調整するのが、この「修正」というフェーズとなります。

この最終フェーズを入れることで誤差が完全に修正され、自分のメッセージを相手に１００％伝えることができます。

10回見せれば1回でき、100回見せれば当たり前となる

その上で、もっとも重要かつ、一番時間をかけるべきことは、真の教育を実現する3ステップの中でも「見せる」が一番重要なわけですが、どのぐらい見せればいいのかイメージが湧かない人も多いので、指標をお伝えしておくと、最低100回は見せることです。「そんなに？ 100回も」という人がたまにいますが、そもそも、その分野で活躍し、一流を目指すというのであれば、どの分野であれ、本格的に先生に弟子入りし、人生を懸ける必要があります。

今でも、職人の世界以外に文芸、スポーツの世界、芸能関係では、徒弟制度はあります。ビジネスや政治の世界においても秘書という形で現場を見ることところから始まります。じつは、プロを育てる徒弟制度は日本だけではなくドイツやイギリスにも厳然と存在します。とくにドイツは、マスター制度があり、徒弟制度を経ずしては、何かしらの技能を身につけることができません。先輩について学び、学校では座学を中心に学ぶデュアルシステムが存在しています。

そう考えると、100回というのは、学ぶ期間としては短いほうで、毎日見れば、半年も経たずにクリアすることができます。

あとは、その「見る」を何度も繰り返すことで、自分の常識に上書きされ、それが基準になるわけです。

ここで大切なことは、どんなに優秀な人であれ、マスターするまでに、最低10回は「見る」ことをしなければいけません。

これは、英語を学んだことがある人であれば理解できると思いますが、英語の先生の発音を10回あるいはそれ以上聞いて、ようやく1回言えた……というのが英語習得のコツではないでしょうか。

これと同じことで、新しい分野のものは、最低10回は、「見る」癖をつける必要があります。

さらに、自分のものにすると考えた場合、最低100回は「見る」ことが大切です。

それでようやく起業家へのテーブルに着くことができます。

この過程を経ずして新たな技能を習得することは難しいものです。苦しむのは自分ですので、能力、センスを云々《うんぬん》するくらいなら、師匠である先生にピッタリついて、細かな動きや見ている視線、相手に気遣う心など細部に渡るまで「見る」ようにしてください。

その繰り返しである「見る行為」が、他者との差を生み出し、ライバルが追いつけない領域へと自分を引き上げてくれます。

その際、さらに早い成果を望むと言うのであれば具体的に指示されていないものまで見通し、貪欲《どんよく》に吸収することです。

ちなみに私の場合、先生に弟子入りしてからは、先生が口にする食べ物や飲み物だけでなく、銘柄や分量、(飲用) 杯数などもチェックし、観察してきました。

こういうと、「飲み物の分量や杯数などビジネスに影響するの?」という人がたまにいますが、大ありです。

なぜなら、先生の習慣や癖を見抜くことができれば、行動予測を立てやすくなるからです。

当然そうなれば、顧客に対し、何か提案するにしてもムダを省くことができ、最適な提案をおこなうことができます。

それが、最低100回見る効果であり、先生の習慣から何かを得ることになります。

そのほかにも、見る回数を重ねるメリットはあります。繰り返すことで、余裕が生まれ、今までは見えていなかったものが、新たに見えるようになるということです。

これは、同じ書籍を読んでいても、繰り返し読むことで、新しい発見があったり、ちょっとした気づきがあるのと同じで、思考の範囲は拡がるというものです。

繰り返すということは、それほど重要なのです。

本来人間は、可能性に満ち溢れた生き物です。また、環境や変化に順応する生き物だということです。

ですので、自分の可能性の幅を広げるためにも、そして、こどもの未来を高めるためにも、「1回教えたからいいや……」ではなく、何度も何度も繰り返し見せることで、お子さんのまだ見ぬ可能性を切り開いてあげてください。

それが親としての役目でもありますが、その際、ひとつだけ注意しなければいけないことがあります。

それは、同じメッセージであっても**角度を変えておこなう**ことです。

ここに、お子さんの未来を大きく変えるヒントが隠されています。

これは、あなた自身、経験あると思いますが、同じメッセージを何度も同じような言われ方されると、「それ聞いた」となり、それ以上は、耳を貸さなくなるものです。

私自身、同じような経験があります。以前、勤めていた会社の社長がそうでした。同じことを何度も顔を合わせるたびに言ってましたが、正直、鬱陶《うっとう》しく、社長はボケたなと思ったほどです。

これでは、伝えたいせっかくのメッセージも台無しとなりますし、逆にマイナスになることもあります。

それほど、メッセージというものは、どのようにしたら相手に伝わるかという工夫、角度というのが大切で、受け手の成長にとっては、大きな影響を及ぼします。そこを私の場合、どのようにしているのかというと、メッセージの骨子となる部分は外さず、同じ表現はしないように、さまざまな角度から伝えるように努力しています。

直球的メッセージのものから、事例を交えたメッセージ、体験談を含めたメッセージなど、同じ内容を伝えるものでもメッセージの角度を変えるだけで、斬新かつ新規的に見せることができます。物事を複眼的にとらえ伝えることが、経営者には重要です。

複眼とはトンボなど昆虫からきています。単眼は、明暗を感知することしかできないと言われています。複眼は、形、色、動きなど感知することができます。そんなことから、多角的にとらえて考え、表現することを複眼的思考と言われています。

このようにメッセージは、角度と見せ方が重要となりますし、聞き手に合わせた内容にすることで、聞き手から「ボケた?」と思われることなく自分の思いを伝えることができますので、ただ伝えればいいということではなく、伝え方にも工夫を凝らし、**メッセージは伝わって始めて価値となる**ことを知るようにしてください。

そこさえ誤らなければ、「何度、言っても伝わらない」というジレンマから完全解消されます。

同じものでも形を変え、可能性の扉を開け

今は、便利な世の中になりました。昔と違って、動画を撮るにしても、音声を収録するにしても、高性能かつ高い機材を使わずとも、パソコンないしスマホに内蔵されるアプリを使えば、無料で作成することができます。これにより一気に情報伝達が加速し、一般化しました。録音ボタンを押し、ストップボタンを押せば、ファイルの完成です。こどもでもできます。あとは、サーバーに収録データーをアップすれば、公開できます。

こんな便利な道具をメッセージの伝達に使わない手はありません。

これを今回のテーマにボイス（声）の収録を活用します。このメリットは、ふたつあります。

それは、たった1回の労力で済むということと、それを繰り返し聞かせることができるということです。

詳しく解説していきます。

●1回の労力で済む

ITの発達で、効率をあげ、時間短縮することができるようになりました。これは、今まで足を使っていた生活が、クルマの登場で、時間が短縮され生活が一変したことと同様に、今回、お伝えしている収録ファイルは、労力を圧縮するだけでなくオンラインを使うことで、簡単に拡散させることができます。

とくに、最近はYouTubeなどを使うことで、名もなき個人であっても無料で情報配信することができるようになりましたので、これまで接点のない人にメッセージを伝えることもできるようになったということです。

しかも、それが1回の労力をかけるだけで、積み上げ式に再生回数を増やしていくことができます。

さらに、その公開したテーマが話題となり、シェアなどされれば、さらなる拡散も見込めますので、可能性は無限大に広がっていきます。

これほど便利でワクワクするものはありません。

●繰り返し聞かせることができる

もうひとつのメリットは、同じ人に何度も繰り返し聞かせることができます。

これは教育する立場の人であれば、メモを取りながら聞いてもいい内容です。というのも、どんなに優秀な人であっても1回聞いただけで、物事をマスターしたり、吸収できる人はいません。

これは能力、才能ではなく、人間の記憶を司《つかさど》る「脳」が大きく影響しています。

人間の記憶は、海馬《かいば》で作られ、大脳皮質で保管されるということが脳科学で証明されています。

これを短期記憶、長期記憶と呼ぶ人もいますが、意味合いは同じです。大切なのは、呼び名ではなく、どうすれば新たな情報を短期記憶から長期記憶に運ぶことができるのか？ということです。

この部分が成否を分けます。

それを叶えてくれるのが、「**繰り返す作業**」です。

人間の記憶というのは、情報の質や内容で判断することはできません。自分にとって都合の悪いものであれ、脳への繰り返し作業（伝達）がおこなわれれば、イヤといったところで長期記憶に保管され、これは忘れたくないと思うものであっても、繰り返すことを怠れば、自ずと記憶から抹消されてしまいます。

このように、脳は内容自体で判断することができないため、外的アプローチ（繰り返し作業）で振り分ける必要があるのです。

それを効果的に適《かな》えてくれるのが、収録ファイルの存在です。

この収録ファイルというのは、音声だけに限ったことではありません。最近では、映像を収録した動画もスホマひとつで簡単に作成することもできますし、文字をファイル化することで電子書籍にすることもできます。

このように見せ方を変え、多角的にファイルを作成することができれば、メッセージを届けたい相手に興味を抱かせることができ、何度も伝えることができるようになりますので、現代の力を最大限に活用しつつ、1回の労力で最大のインパクトをお子さんに与えてください。

その際のコツは、**何度も繰り返し聞く、大切さを十分伝える**ことです。

そこを見過ごしてしまうと、効果は半減どころかゼロになることもありますので、注意してください。

販売している商品を間近で見せろ

こどもにビジネスをイメージさせる上で、もっとも大きく影響を与える方法は、販売している商品を見せることです。

ここがサラリーマンと起業家の大きな違いです。

サラリーマンは、会社から仕事をもらい時間と労力を差し出すことで給料という形での対価を得ますが、起業家は、商品ないしサービスを提供（価値交換）することで、お金という対価を得ています。

ということは、お金を生み出す根源（交換材料）を見せるということは、現金そのものを見せることと同じ意味合いになります。

当然、そのようなものともなれば、こどもの感覚はさらに刺激を受け、一生脳裏に焼き付くことになります。

これが起業家ならではの教育です。

さらに、**こどもの可能性を広げ、細胞一つひとつに刺激を与えたければ、実際の商品を手に取らせたり、体験させることで、その効果は最大化します。**

というのも、体感することほど人生を変えるものはありません。想像だけのものより、実際に触れたもののほうがイメージも湧きやすく、同時に愛着という感覚も生まれるからです。

自分の大好きなお父さんやお母さんが扱っている商品に実際に触れ、それを自分自身が将来引き継ぐとなると、愛着が湧かない人などいません。

このようにいうと、「好き嫌いは、個人差あるでしょ」という人がいますが、ここで大切なことは、商品自体ではなく、大好きなお父さんやお母さんが扱っているものは、自分も好きになるのがこどもです。

ここは大人のツマラナイ感覚で推し量るのではなく、こどもの純粋な気持ちを優先し考えてください。

そうすれば、そこには、個人的感覚や趣味嗜好《しこう》などが入る余地もなく、理解することができるはずです。

そして、もうひとつ、実際の商品を見せることでのメリットがあります。

それは、商品を見せることで、お金のやり取りを直接見せることができるということです。

これは見たことない人にとってみれば、ある意味、頭をハンマーで叩かれるような感覚を体験するのではないでしょうか。

なぜなら、日本人の8割ほどの人は、サラリーマン家庭が占めているので、お金を給料という形でもらうことはあっても、商品を提供することで、お金を得る瞬間に出会うという経験は少ないからです。

これは、自分が消費者となって、やり取りするのとは次元が違います。まったく別ものであり、大袈裟《おおげさ》にいえば、宇宙人に出会うほどの衝撃を感じます。商品を渡すことで、1万円、10万円、100万円が、その瞬間に生まれるのですから。正直、はじめは意味が分からないと思います。

とくに、サラリーマンの家庭では、1カ月、丸々朝から晩まで働いて、20万円、30万円という金額が給料として会社から支払われるわけですが、それが、起業家という働き方に変わっただけで、ひとつの商品で月給分ないしは、それ以上のお金となってあなたの手に入ってしまうのです。

しかも、1カ月かけることなく、数秒のやり取りで、完結することもあります。

こんな瞬間、見せられたら、大人であっても、サラリーマンとして働くのはバカらしく感じますし、自分でビジネスをおこなったほうがいいと思うはずです。

それをこどもの頃から見せるのです。少し考えるだけでも、気持ちが高ぶります。

会社経営をしている親の子どもの多くは、サラリーマンになることを目指すことはなく、はじめから自分も将来は社長になると考えるのはそのためです。

このような話をすると、「親は会社を経営していましたが、自分はサラリーマンをしています」という人がたまにいます。

それは、親が経営者であっても、サラリーマン的教育をしたのかもしれません。見せる背中もサラリーマンと変わらず、定時に出勤し、土日休みをとるなんて人も、たまにいますが、これでは、こどもが大人になってサラリーマンになるのは必然です。

それ以外に考えられることは、その親は、経営者としての自分のような悲惨な生活は送らせたくないと思ったからです。

そうでなければ、上手くいっている会社の経営者であれば、これほどの旨味をこどもに伝授しないということはないからです。

自分でビジネスを立ち上げるということは、サラリーマン生活がバカらしく見えるほど、刺激的かつ魅力的なものでもあります。その楽しさをこどもに伝えるためにも、自社で扱う商品を早い段階でこどもにも見せ、商品を生み出す感覚を養ってあげてください。

その体験と教えが、こどもの可能性を広げていきます。

写真を撮ることで仮想現実を創り出せ

写真は、独自の世界を生みだします。

これは、「写真写りがいいですね」とか、「写真映えしますね」という表現があるように、写真の撮り方を少し工夫する（研究する）だけで、商品の価値を何倍にも高めることができます。

これは、人間も基本的に同じです。

モデルやタレントさんの起用は商品としてのイメージアップですが、経営者も業種によっては、商品宣伝のためにかり出されることがあります。本人の写真写りが、商品の質に影響を与えることもありますので、見た目をよくしておくのは、経営者としてのマナー（最低条件）となります。

その上で、ここで意識すべきことは、写真を通して、「凄い」を演出することが大切だということです。

これを「仮想現実」といいますが、起業家たるもの、この仮想現実を味方につけるのと無視するのとでは、大きく成果は異なってきます。

なぜなら、お客は実際の商品に触れて、使って、決めるということはあまりなく、パンフレットに載っている写真だけを見て、「選ぶ、選ばない」を決めてしまうからです。

多くの会社は、商品の写真撮りに、プロのカメラマンを使うわけですが、これは、商品をより魅力的に見せる仮想現実を味方につけた戦略といえます。

より良いものを、より最高な状態で表現する。これこそが、ビジネスです。

「そんなことしなくても、わが社の商品は最高品質だから余計な演出はいらない」という方がいますが、演出もせずに撮影すれば、素人感丸出しのダサいものが出来上がるだけです。

これでは、競合他社が乱立するグローバル社会では、勝てるものも勝てなくなります。それほどビジュアルとしての写真は、ビジネスを演出する上で、大きな存在といえます。

こどもの頃から、審美眼《しんびがん》を徹底的に養っていくことが大切です。

そのことが、将来、社長となるこどもにとって大きな武器となります。少しでも演出を加え、美しいものをより美しく表現することで、みんなの憧れを提供することができるからです。

お客は、ファンタージーを求めています。

とくに、バブル以降、不景気がつづいたことで、夢をみることができなくなった人が増えたといいます。

しかし、それは、叶わぬ夢であれば、期待をしないというだけで、夢をなくしたわけではありません。人間は、もし実現の可能性があるのであれば、夢を叶えたいと思っているものです。

その夢を叶えるのが、起業家の役目であり、次世代のこどもたちです。

今は、広く普及したスマホの機能を使えば、素人でもプロ並みの写真を撮ることができるようになりました。今後、あなたが真のプロとして、世に貢献したい、活躍したいというのであれば、スマホが持つクオリティ以上のものを担保し、多くの人の憧れになるような演出を考える必要があります。

でなければ、あなたの未来は、今後も会社に安い給料でコキ使われるだけの人生に甘んじなければなりません。もし、あなたがここでこどものために変わりたいと願うのであれば、あなた自身、消費者側の視点を捨て、販売者側の視点を身につけることです。

それさえできれば、こどもは一切の負担を感じることなく、**コンフォートゾーン（心地良くいられる範囲）を徐々に広げ、基準値を高め、ライバルにはない発想と演出の使い手**になること間違いありません。

それほど、この基準値は、こどもの未来に大きな影響をもたらし、ビジネス規模を確定するものとなりますので、低い上限値で満足しない生き方をプレゼントするためにも、最高に高い基準値を用意してあげてください。それが、こどもの未来の可能性の大きさとなります。

すべては、あなた次第です。与える基準値でこどもの未来は決まります。

コンフォートゾーン

❶
コンフォートゾーン
（快適空間）
チャレンジ
❷
コンフォートゾーン
ストレス
戻される
1人でおこなう過度なチャレンジ
❸
コンフォートゾーン
親によって広がった次なる
コンフォートゾーン

◀4章▶

起業家教育レッスン 4

体験させる

Seven Lessons

世界のセレブたちは家族連れ

各国のテレビを見ていると、王族や貴族の人たちは、家族総出で中継に臨みます。これは、日本の皇族も同じで、必ず家族全員が一緒に姿を現わし、例外なく画面を通じ元気な姿を見せてくれます。

このことは皇族に限らず世界を舞台に活躍している人は、それを当然と考え、皇族同様にこどもの教育の一環としておこなっています。

言うなれば、帝王学のようなもので、王族に限らず一流の経営者は、代々この教えを引き継いでいます。

お爺さんからお父さんへ、お父さんからこどもたちへ、こどもたちから孫たちへ、といった具合に、さまざまな教えを、こどものころから、体験・体感させて現場で教え込まれていきます。

世界の舞台では、ファーストレディーは奥さんであり、必ずこどもを同伴します。これは、メディアの場だからということではなく、近しい人が集まるプライベートなパーティーの場やビジネスの仲間が集う席などでも基本は同じです。父親の隣には、必ずこどもを座らせ、大人の会話を小さいころから聞かせます。

なぜ、このようなことを小さいころからおこなうのかというと、ビジネスの席では、大人もこどももないからです。

とくに2代目は、将来、ビジネスを引き継ぐパートナーとなるので、大人になってからでは、到底間に合わない、という考えです。

経営者の考え方というのは、サラリーマンとは大きく異なります。経営者になるための教科書があるわけではありません。学校でも教えてはくれません。経営者自らがこどもに教えなくてはいけないのです。

それを世界で活躍する経営者は、歴代引き継いで叩き込まれているのです。ですから、自分の代になっても同じように、こどもをビジネスの現場に連れていき、その雰囲気に慣れさせることからはじめます。

とはいえ、小さなこどもであれば、遊びたい気持ちがあるのは当然です。

そこでサラリーマンの親は、どうするでしょう。おそらく大半の親は、「いいよいいよ。向こうで遊んできな」とやりがちですが、これでは起業家教育になりません。こどもだからといって、ビジネスの現場では、こども扱いしてはいけないのです。たとえプライベートの席であれ、ビジネス仲間がひとりでもいれば、そこはビジネスの場です。こどもに身支度をさせ、髪型を整え、きちんと隣に座らせ、親の姿を見せるのが、将来の起業家を育てる親の務めです。

なかには、「そんな小さなこどもを同伴させても、大人の会話など分からないでしょ」という方がいるかもしれませんが、分かる、分からないは問題ではありません。こどもが10歳を超えたら、大人の会話に同席、体感させて、ここが自分の場所であるということを認識させる必要があります。

このように起業家の家庭では、こどもに対するビジネス教育は、ゆっくりと時間をかけて歴代の考え方を教えていくのです。

企業買収や商品作りや事業コンセプトの話など、こどもにとってみれば、最初はさっぱり理解できませんが、何度も話を聞くうちに耳に慣れ、理解することができます。

これはこどもだから、理解できないのかといえば、そんなことはなく、最初のうちは、サラリーマンでも理解することができません。サラリーマンは会社の業務をこなすのが精一杯なので、ビジネスの話まで発展する機会がないので無理もありません。

このように、大人であれこどもであれ、初めのうちは起業家の会話を聞いてもなかなか理解できません。

しかし、起業家の会話を何度か聞いているうちに、徐々に興味を抱き理解できるようになるものです。

それを、こどものころから時間をかけておこなっていれば、起業家に育つのは当然のことです。

すべての現場に同行させろ

前述したように起業家教育は、現場に同行させ、見せることから始まります。

その際のコツは、ビジネスの大小にかかわらず、すべての場所に連れていくことです。こどもにとって親が連れて行くビジネスの現場は、すべてが発見の連続で、刺激に満ち溢れているものばかりです。

とくに、起業家になるとサラリーマン時代と違い、出入りする場所が代わります。それは、ビジネスを主体的に動かすようになると、出向かなければならない場所がおのずから代わるからです。

ちなみに私の場合、テレビやラジオの仕事をしているので、こどもたちが日本に帰国した際には、収録をおこなうテレビ局のスタジオやラジオブースなどに、連れて行くことがあります。

このように、通常の生活では行かない場所にこどもを連れていくことで、将来こどもが歩むであろう道筋をイメージさせたり、環境に馴染ませることで、自身の立ち位置を連想させているのです。

このように言うと、「こどもの未来は親が決めるものではない」という人がいますが、こどもというものは、目にして手に取り、感動なり憧れを抱いたものにしか関心を示さないものです。

だから起業家の親は、強制的に親の仕事に就《つ》かせようと考えるのではなく、こどもの憧れになることだけを考えて、カッコいい背中を見せるように努力しているのです。そして、そんな姿に、こどもは憧れを抱き、将来、親と一緒にビジネスをおこないたいと思うようになるのです。

その点、サラリーマンとして仕事に精を出していたときはどうだったでしょう?

朝からヨレヨレのスーツに身を包み、重たい体を引きずるようにして出勤。この時点で、こどもの目にはどのように映ったでしょうか。憧れの姿とはほど遠いように思えます。

こどもは感情の生き物であり、感覚で物事を判断します。カッコいいか、カッコ悪いか、それだけです。それ以外のものは、ありませんし、見えないところで努力している姿など評価の対象にはなりません。

それは、もっと大人になって自分が苦労する立場になって、初めて分かることで、こどものうちに判断しろといっても無理な話です。

大切なのは、**「カッコいい姿」**それだけです。そこには儲かるとか、いい商品とかは不要です。そんなもの、あとにならないと分からないものなので、その仕事を通じて、**どんな自分がなれるのか？**ということだけが分かればＯＫです。

この視点さえ抑えることができれば、サラリーマンでもいいのですが、起業家とサラリーマンの大きな違いは、自分の培ったリソース（顧客リスト、資金、人脈、信頼、商品など）を引き継ぐことができるということです。

そう考えると、起業家のほうが、こどもに残せるものも多く、まだ見ぬこどもの可能性を切り開いてあげることができます。

この本を手にした以上、あなた自身もサラリーマンという生き方ではなく、これを機会に起業家としての道を歩み、こどもの未来を切り開く羅針盤になってあげることを検討してください。

起業家のいいところは、すべて自分で作り上げたものなので、他人からとやかく言われることもありません。

サラリーマンは、企業が作ったルールの中で生きているので、職場にこどもを一緒に連れて行くことは、職場見学という授業の一環でない限りできません。

しかし、社長となると別です。自分の会社に、こどもを連れてこようが、自由です。むしろ、こどもに対して起業家教育の一環と考えると、正しい行為といえます。このような環境に恵まれたこどもは、その利点を生かし、早い段階からビジネスの世界を肌で味わうことができます。

その際、意識すべきことは、その職場が、こどもにとって居心地の良い空間になっているかどうかです。そこに愛着を感じることで、人間というものは本領を発揮することができます。

スポーツの世界では、「ホームアンドアウェー」という表現をしますが、こどもにとって会社を「ホーム」にすることができれば、将来もっと大きなビジネスが展開できるかもしれません。

こどもの将来は、今のあなたの活動で決まります。今のうちに、たくさんのものを見せて、触れさせ、体験させてください。それが、未来の財産としてダイレクトに影響します。

そのことを示す分かりやすい例をひとつご紹介します。

かつて、日本のプロ野球選手になることが夢というこどもが、多くいましたが、今では、衛星放送が自宅で見れるようになったことで、日本のプロではなく最初から大リーグを目指すこどもが増えたといいます。

こどもの視野が広がったことで、こどもの夢も広がったのです。このように、こどもに何を基準にさせるかで、目指すべきゴールの高さは変わります。こどもの可能性を切り開くためにも、できるだけ高い基準値となる環境を用意してあげてください。

こども扱いするな、付き人として扱え

大切なことは、こどもとして扱わないことです。

ビジネスの現場は戦場であり、遊びではありません。先にも述べましたが、こどもが10歳になったら、ビジネスの世界では、こどもではありません。今は小学生の社長もいるほどです。

とは言うものの、何の教育や訓練もなしに、いきなり会社の社長をさせるのは、かなり難しいことです。まずは、付き人として扱うことが大切です。

ここでのポイントは、「付き人」です。

あくまでも社員ではありませんので、あなたの側《そば》を離れ、現場仕事させる必要はありません。大切なのは、あなたの側にピッタリと付かせ、一から十まで、すべてのことを見せることです。

社長の仕事は、社員とは違います。

社員がおこなう作業を、いくら現場でおこなっても社長になることはできません。極端な言い方をすれば、社員は会社が作った部分的業務を代行しているにすぎません。断片的に広く行きわたった作業を、一つひとつこなしていったところで、全体感に立たなければパズルを埋めることはできません。水でたとえるならば、上流の一滴（社長の方針）が下流へと流れ大河（さまざまな分野）となりますが、上流で生み出した考え方が、下流にきちんと伝わっているかを確認するのは、会社を運営するTOP（経営者）の役目です。

その象徴が、皇族がおこなう地方へのお出ましです。

さまざまな地を訪問し、国民を激励・慰問しているのは、不具合を感じている人はいないのかと国民の安寧《あんねい》を願っての行動です。

経営者においても、このようなことを確認することは大切なことです。

場合によっては、環境や伝達の過程で齟齬《そご》をきたし、自分たちが考えたアイデアが横道に逸《そ》れるなんてことは往々にしてあります。

このように、会社を経営する場合は、上流で流した水（考え）が下流に行き着くころ、変わっていないかを確認することは必要です。

これも社長の仕事です。

こういったことも、すべて付き人になったこどもには、伝えなければいけません。人には、私利私欲というものもあり、伝達の過程で恣意的《しいてき》に個人的な考えを混ぜてしまう人がたまにいます。それは背任行為であり、他に混乱を招きかねません。だから多少面倒でも、上流から流した水が、きちんと真水（経営者の考え）の状態で流れているかを確認しなければいけないのです。

その際、ひとつだけ注意があります。

それは、上流から下流に水が流れる過程で、形を変えた場合の対処法です。

いけないことは、原因追求から改善策まで自分でおこなおうとすることです。それは、社長の仕事ではありません。人を使おうと決めたのであれば、任せなければいけないのです。

そこをいつまでも自ら関与し、現場から離れない社長がたまにいますが、逆に足手まとい、パーツのひとつに成り下がるだけです。

会社を経営する場合、すべてのことを把握する必要はありますが、細々《こまごま》とした作業をおこなってはいけません。


こういった毅然とした姿もこどもには見せなければいけません。

なぜなら、自分がトンカチと金槌を持って、現場に乗り込めば、簡単かもしれませんが、それは社長の仕事ではないからです。

緊急事態に備えた考え方や将来を生き抜く視点など、社長にしかできないことが数多くあります。いちいち現場の考えに巻き込まれていたら、社長としてのやるべきことができなくなります。

そういう意味では、現場と管理を完全に分けて考える必要がありますし、付き人となったこどもにも分けて教えることが大切です。

ここさえ間違えなければ、こどもを現場人間（雇われ思考）にさせることなく、最初から経営者マインドを植え付けることができます。

ビジネスは現場で叩きこめ

ただし、現場で何がおこなわれ、どんな問題が発生しているのかを知悉《ちしつ》していなければ、実効性に欠ける信頼置けない経営者になってしまいます。

将来、こどもを経営者として迎え入れるために、短い期間であっても、すべての部署に関わらせることです。

何をおこなうにしても、**「知る」**こと、そして**「やる」**こと、さらに**「できる」**ことでは、格段の差があります。行為は似ているようですが、まったく違うものです。

これを観客席に座り、野次を飛ばす第三者的人間には理解できないことです。

こんなエピソードがあります。

アメリカの元世界ヘビー級統一王者・マイクタイソンは観客に言い放った。

「俺のカウンターパンチを一発食らえば、お前らは何も言えなくなる」

見ているのと実際にやるのでは、異次元レベルの違いがあります。

これはボクシングに限らず、ビジネスの世界も同じです。

不具合を指摘するだけの知ったかぶり人間がたまにいます。彼らが会社にとって役に立つ存在ではないと思えるのは、指摘をするだけで、代案である改善策を出すことができないからです。たんに「知る」だけなら、野次を飛ばすだけの無責任な人と同じです。

それなら、誰にでもできます。問題箇所を論《あげつら》い文句を言っていれば、それで済むと思ったら大間違えです。

そこから原因を突き止め、改善策を講じるとなると、責任感と能力が問われますし、根気も必要です。

これが、理解のともなう「やる」という行為の難しさです。

ただし、この「やる」も、過程に過ぎず、「できる」までの道程は、また違った次元の努力が必要となります。

ただ「やる」だけで問題が解決するのであれば、一時しのぎに猪突猛進のごとく、何も考えずに突っ込んでいけばいいかもしれません。

しかし、「できる」というレベルに達するには、勢いだけでは済みません。

そこには、まず**「再現性」**が求められます。さらに、「繰り返しおこなう」必要性も出てくるからです。そして、他者にも分かる形でなければなりません。

この「できる」レベルになれば、あとは、センスとスキルを磨き上げていくだけです。

なぜなら、ゼロから1を築きあげるのは、かなり難しいことですが、立ち上がった1を10にするのは、さほど難しいことではないからです。

この考えは、こどもを現場に放ち、体験させる際も同じで、「知る」「やる」「できる」

◎「知る」「やる」「できる」とは?

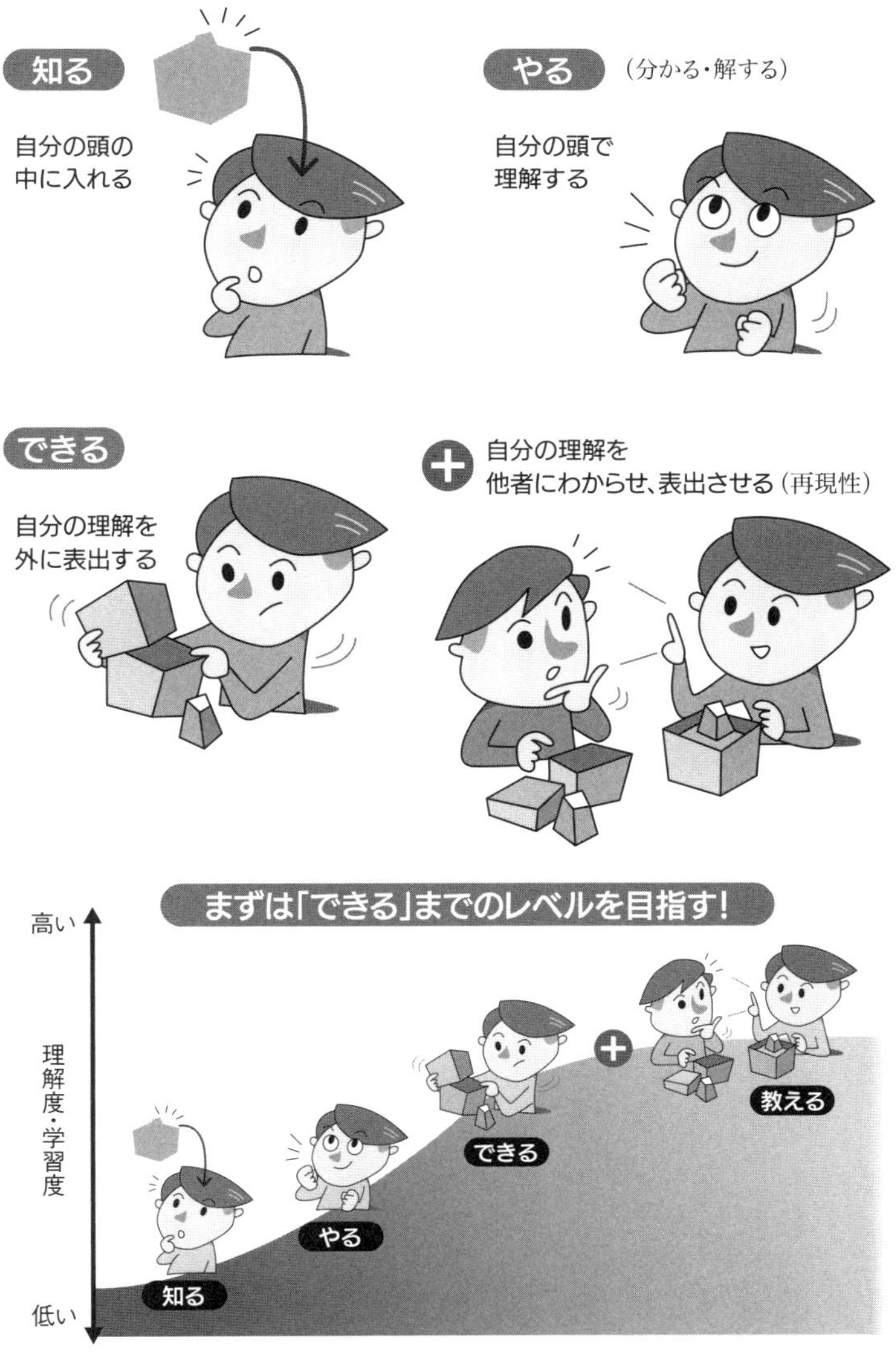
知る
自分の頭の
中に入れる
やる
(分かる・解する)
自分の頭で
理解する
できる
自分の理解を
外に表出する
自分の理解を
他者にわからせ、表出させる(再現性)
まずは「できる」までのレベルを目指す!
高い
理解度・学習度
低い
知る
やる
できる
教える

をつねに踏まえた上で、すべての業務に関わらせることです。

もちろん、人間、向き・不向きがあるので、すべて「できる」まで鍛える必要はありませんが、せめて「やる」ところまでは、誰でもやる気さえあればできることなので、少しの期間、やらせることが大切です。

将来の幹部候補生ともなれば、口先だけ立派なことを言う人間とは違い、ビジネス上の悩みや難しさも理解した上で、考えることができるようになります。

その上で、忘れてはいけないのは、こどもにとって最終就職先は「現場ではない」ということです。

あくまで、それは経営者思考を身に付ける上でのプロセスであって、ゴールではないのです。

そこを見誤ってしまうと、一生現場仕事から抜け出せないという罠に陥りかねませんので、期間を決めておこなうことです。

そこさえ見誤らなければ、現場経験は糧《かて》となり、今後のビジネスの設計に大事な経験となります。こどもがある程度大きくなったら、実際に体験させ、数値も大切ですが、とくに最初のうちは、感覚値を養ってあげてください。

その際、大切なことは、こどもにその意識を持たせることです。

それでなければ、どれだけ素晴らしい環境を用意し、体験させても無益になります。一時の刺激あるアトラクションで終わらせないためにも……。

あなたのこどもへの思いと経験をムダにしないためにも、本人に自覚を持たせた状態で体験させることが大切です。

これは、起業家にしか用意できない環境です。普通のサラリーマンには、こどもにビジネス経験をさせてあげることなどできないからです。

こどもの未来を本気で考えるのであれば、まずは、自分自身が見本を見せ、こどもの希望になることです。

それさえできれば、あとは無限に可能性が広がります。こどもの成長を安心して見守ることができます。

少しのチャレンジが未来を大きく変える

こどもの未来は、親が提供する**「教育環境」**で決まります。

世の大半の親は、いい学校にさえ入れることができれば、将来安泰《あんたい》と考えています。その先にあるのは、会社の大小はありますが、サラリーマンです。

すでに述べましたが、しかしそれは、社会の歯車になるだけです。

そうではなく、大切なのは、親がこどもの将来を考えた環境を持っているかどうかです。

または、用意してあげれるかどうかです。

ここが、人生の成否を分ける分岐点となります。

早い段階から遊び感覚でもいいから、ビジネスを体験させ「面白い」を実感させることができれば、それがこどもにとって、常識となり未来の道が開けます。

そのためにも、起業家の親は、こどもを一緒に連れまわし、ビジネスの現場で学ばせることが必要です。それが、「起業家教育」です。

ちなみに、わが家では、どのようなチャレンジをこどもにさせているのかというと、私が講演を務める場には、必ずこどもも連れて行き、壇上に立たせ、挨拶程度のスピーチをさせます。また、私がメインパーソナリティーを務めるラジオ収録現場にも、こどもを連れて行き、出演させるなど、さまざまなチャレンジをさせてきました。

（こどもをラジオに出演させた時の収録：http://www.adw-zion.com/Change_Your_Life/149kiu.html を参照ください）

このようなチャレンジは、誰にでもできることではありませんが、こどものころからラジオに出演するという経験を積むことで、私は、こどもの将来にいい刺激になったと考えています。

とにかく、ここでやるべきことは、こどもに見せる環境を持つことで、こどもの未来は大きく変わります。また、その体験がこどもの常識に上書きされます。

このように書くと、「そりゃー起業家のこどもであれば、講演する機会やラジオに出るチャンスなど、たくさんあるかもしれませんが、わが家には縁がないからね……」と言われるかも知れません。

しかし、これはあくまでも私の場合であって、こどもへの教育はあなたでも可能です。たとえば、あなたが普段出入りしている交流の場に連れていくだけでもいいですし、ビジネスの勉強の場に連れていくのもアリだと思います。

ここで大切なのは、最初から完成形を求めるのではなく、自分が変わる過程も一緒に同行させ、見せていくことです。

このようにすると、日頃はこどもであっても、その場だけは大人の顔を見せます。

そのようなことを知ってか知らずか、私のクライアントには、こども連れで勉強にくる人もいますし、アドバイスを受ける現場に立ち合わせる人もいます。

このような風景は、起業家の中では、特別なことではありません。むしろ普通です。

同席するビジネスパートナーが、今は「こども」というだけで、数年後、数十年後には正式なパートナーになるということを考えると、こどもだからダメということにはならないのです。

ほかにも似たようなケースとしては、こどもではなく奥さんを同席させる人もいますが、同じ考えです。起業家の場合、奥さんが共同経営者ということもあるので、「同席させていただいてもいいですか？」と尋ねられることがありますが、私は快く受け入れています。

このように家族というのは、起業家であれば、全員がビジネスパートナーです。

こどもの可能性は、親と一心同体

起業家の家系は、日頃、お父さんが社長を名乗っているかもしれませんが、家族の支えがなければ、社長は務まりません。

独身の人が一時的に稼ぐことはあっても、長くつづけることはできないのが実情です。

その点、家族というエンジン（活力の源）を大切にし、ビジネスをおこなっている人は違います。安定感があります。

それだけ家族の支える力というのは、経営者にとって大きな力となるわけですが、家族に対する考え方は、サラリーマンとは少し違うところがあります。

サラリーマンの場合、多くの人は、家庭には仕事を持ち込まない、仕事と家庭は別と考えがちですが、起業家は違います。

仕事と家庭の境はありません。すべて仕事であり、家庭は、その一部です。

このような考えが根底にあるから、こどもを仕事の現場に連れていき経験させ、ビジネスに慣れさせるのです。

これは、サラリーマンの家系に育った人には理解できないかもしれません。

私もはじめは、そうでした。

私の場合、サラリーマンの家系に育ち、会社と家庭は完全別という教え（環境）だったので、正直、父親がどんな仕事をして、どんな人たちと関わっているのか分かりませんでしたし、聞かされることもありませんでした。そのためか、父の仕事に憧れることもありませんでしたし、将来一緒に何かをおこなうということもイメージできませんでした。

結果、私は、父とは無関係な会社に入社し、一切接点を持たぬまま、父は引退しました。

もし、あのとき、父がサラリーマンではなく起業家ないし経営者という道を歩んでいたら、さらに違った人生を私自身歩んでいたのかなと思うと、少し悲しい気持ちにもなります。

なぜなら、親の生き方がこどもの未来に影響し、人生そのものとなります。そう考えると、こどもにだけ夢を託すのは違うように感じます。

時折、自分が叶えることのできなかった夢をこどもには……という人がいますが、本当にこどもに夢を叶えさせてあげたいと願うなら、まず親であるあなたが、夢の第一歩を踏み出さなければいけません。親が夢に対して尻込みしていたら、こどもはチャレンジすることを怖がります。

親とこどもは一心同体です。

本当にこどもの未来を思うなら、先陣を切って夢にチャレンジし、こどものためにビジネス環境を用意してあげるのが親です。

なぜ、こどもは親にわがままを言えるのかというと、安全な環境を親が用意していることを知っているからです。

これは、ビジネスも同じです。

たとえば、赤の他人の仕事場にこどもひとり就職させて、「あとは、頑張ってきなさい」というのも、こどもを独り立ちさせるための親のやさしさかもしれませんが、自分の会社であれば、さまざまな観点から育て守ってあげることも、活躍の場も用意してあげることもできます。

この考えが、すべてだとは思いませんが、少なからず、こどもの可能性を一番知っているのは親であり、応援してあげることはできます。神社に行って合格祈願をする暇があるのであれば、ひとつでも多くのチャンスを用意してあげてもいいのではないでしょうか。

その際のポイントは、あなたの裁量で夢が叶う場をいくつ用意できるかです。そこが欠ければ、チャンスを得る前に挫折を味わわせることになります。

親として、こんな辛いことありません。それを避けるためにも、そしてこどもの可能性を活かすためにも「あなたが」こどもの活躍の場を用意することです。

それさえできれば、こどもはチャンスを活かし、さまざまな体験を通じて、成長することができますし、未来に布石を打つことができます。


ここで、ひとつの例をお話しします。

私の友人に、多くの会員を抱えるベストセラー作家がいるのですが、娘さんの夢（シンガーソングライター）を彼が持つリソースで叶えてあげています。

彼は、講演をおこなえば、数千人のファンが軽く集まるので、休憩時間に流れるサウンドやラストシーンで、娘さんを登場させ、歌声を披露させています。

これだけ見れば、親バカのように見えますが、彼女は、親の応援に応えるために必死で歌を勉強しました。

結果、今では娘さんも、たくさんのファンを持ち、さらに、プロデビューも果たすことができたのです。

これは、ほんの一例ですが、起業家の家系は、どこも同じです。

こどもだけに夢を託し、あとは観客席で応援するなどということはせず、自分のできる範囲で、こどもにチャンスと環境を与え、一緒に夢を叶えることはできないかと、つねに考えているのです。

それが起業家の考える、こどもの夢の叶え方です。

5章

起業家教育
レッスン 5

客観的に判断させる

Seven Lessons

直感を磨くコツは客観性

起業家ないし経営者にとって最も大切なことは、客観性です。

「自分は直感を大切にしている」という人もいますが、その直感を磨くためにも、客観性を味方につける必要があります。

直感は、自己満足に陥りやすく、他者からの賛同は得にくいからです。

もちろん、直感をビジネスには持ち込まないというのであれば結構ですが、直感を含めた自分の考え（主観）をビジネスに活《い》かしたいというのであれば、客観的な裏付けは必要です。

むしろ、客観性を無視して出したアイデアは失敗作が多く、商品をリリースしても売れないという罠にハマってしまいます。

これでは、何のためのビジネスなのか立ち上げた意味が分かりません。ビジネスとして、やるだけムダです。

では、どうしたら、客観性を味方につけ、自分の考え（主観）を磨いていくことができるのか？

まずは、**「大衆心理」**を知ることです。

大衆心理は、ビジネスの8割を決めます。

世の中には、自分ひとりだけのアイデアや考え方から生まれたというものは、ひとつもありません。必ず、同じような感性の人がいて、その共通する考えから、商品が生まれ、店頭を賑わせ、ブームを作り出します。

ブームとは、言い換えれば、「大勢の賛同」です。

ということは、「大勢の賛同」を得ることができれば、ブームを巻き起こし、結果、ヒット商品を生み出すことは可能だということです。

大衆心理を知る大切さは、ここにあります。このような感覚も、こどもに引き継がせる必要があります。

ビジネスは、ひとつ、ふたつの商品を売れたところで、それはたんなる小遣い稼ぎにすぎません。それで終われば、半年経たずに倒産です。ヒットを生みだすためには、大衆の心理を摑むことです。こどもには、大衆心理を叩き込み、商品を生み出す視点を教えなければいけません。

その際のコツは、「自分の意見を優先させない」ことです。

たまに、「自分の思いが大切だ」という経営者がいますが、客観性を無視して自身の思いだけを優先させれば、ビジネスは崩壊し、趣味に終わります。

大切なことは、自分がどう思うかの前に、お客の立場に立ち、どう考え、どう感じているかを知ることが大切です。

それを教えてくれるのが、「大衆心理」です。

この大衆心理を見過ごせば、儲けるどころか、ビジネスは成り立ちません。ビジネスをおこなう上で「誰が」お金を払うのかを考えれば理解できます。その心理を知ることがビジネス上の必須事項であり、無視することは致命傷となります。

ビジネスの直感を磨くということは、じつは、大衆心理を味方につけ、客観的判断をつねに意識するということなのです。

つねに数字で判断させろ

では、どうしたら大衆心理を知ることができるのか？

それは、**耳を澄まし、周りを観察する**ことです。

消費者は、今、どんなことにみんなが関心を持ち、どんなことに不満を感じているのかを知ることです。

言い換えれば、さまざまな意見の最大公約数を発見すれば、大衆心理を知ることができます。

ただ、ひとつ注意しておきたいのは、大衆心理はつねに揺《ゆ》れているため、情勢の変化によっては状況も一変することがあるので、その点を忘れてはいけません。

今日まで正解だったものが、明日には不正解ということはよくあることです。

これは、株価指数を見れば、理解できます。

昨日まで上がっていたものが、大統領の発言ひとつで、大暴落するなんてことは株の世界ではは日常茶飯事です。これが大衆心理の恐ろしいところです。

普通の人が、意見を発信したところで、市場に何ら影響を与えることはありませんが、影響ある人がメディアを通じて発言すれば、大衆は、全員「右」を向いてしまうのです。

そのため、ビジネスで勝ちつづけたければ、つねに揺れ動く大衆心理を意識しておく必要があるわけですが、それをビジネスに活かす場合、安易に主観・直感に頼るのは危険です。人間の勘《かん》ほど、当てにならないものはありません。多勢に無勢ではありませんが、意思の強固な人であっても、多勢に飲み込まれてしまいます。

そうならないためにも、まずは、裏付けある数字で判断するようにしてください。**数字は、嘘をつきませんし、第三者の解釈で数字が変わるなんてこともありません。答えはひとつです。数字は裏切りません。**

ビジネスは、「数字」です。

すべてのものを数値化することができます。売り上げから利益、原価や人件費に至るまで、さまざまなものを数字で表わすことができますし、すべて率に換算することができます。ビジネスを科学することができるのです。異変が発生した際も、瞬時に数字がアラートを鳴らしてくれます。

これにより大惨事を事前に防ぐことができるわけです。こういったことも、こどもに教え込まないと、感覚だけを頼る人間になってしまうので、少しずつでも数字を見る習慣と見るべき項目を教えておくことです。

そこさえ抑えておけば、2代目が大きな借金を作って、会社を潰すということはなくなります。

お金は、増やすか、減らすかのどちらかしかありません。

それを客観的な指標として教えてくれるのが、数字でもありますので、損しないためにも数字が好きになるような教育も忘れないことです。

最近では、プログラミングを使えば、こどもでも楽しみながら、数字と向き合うことができますので、数字を嫌いになる前に、遊びを通じて「数字＝楽しい」ということを教えてあげてください。
その経験が、将来、数字に強い人間を作ります。

「なぜ」を徹底させろ！

人間の行動心理は、4つに分かれているといいます。

「なぜ（原因）」、「何のため（根拠・証拠）」、「どうやって（具体策）」、「今すぐ（GO）」の4つです。

学校教育がなぜ上手くいかないのかというと、「なぜ」と「何のため」が抜けていて、「どうやって」と「今すぐ」しかないからです。

これは記憶に新しい人も多いかもしれませんが、学校の授業は何を何のために学ぶかの、基本的説明がなされないまま、本日は、○○について取り組んでいきます。具体的なやり方は、□□です。分かったな。では、やってみよう。

これでは、「なぜ」とか「何のため」を理解できてないこどもは、ついていくことがで

人間の4つの行動心理

1.「なぜ」

理由が分からないと行動しないタイプ。今学ぶことに関して、その必要があるのか？ あるいは、なぜ、学ばなければいけないのか。学ぶメリット、デメリットを考える。学ぶ理由を明確にすること。

2.「何のため」

何を学ぼうとしているのか？ 理解してはじめて行動に移れるタイプ。学ぶ根拠となるデータ、資料、証拠、理論等を用意することが必定。

3.「どうやって」

実践するための具体的な方法が用意されていないと動けないタイプ。手堅く段階を踏んで先に進むことを伝えることが大事。

4.「今すぐ」

はじめに行動ありき。理由や背景を度外視しても先に進みたいタイプ。このタイプを活かすには、知識・理論から入るのではなく、まず実践環境を与えること。

きません。

では、このことについて調べたアンケートを見てみましょう。

「なぜ」(36%)、「何のため」(33%)、「どうやって」(17%)、「今すぐ」(12%)回答なし(2%)。

この数値を見て分かるように、「なぜ」と「何のため」を合算すると、69%になります。

ということは、7割近くの人は、現行の学校教育とは乖離《かいり》したタイプで占められているわけです。これでは、教育の成果を出せないのは当然です。

大人になれば、自然とこのような思考は身につくものですが、こどものときに最も根本的で初歩的な疑問をスルーしての勉強は、創造的人間を育てるとは思えません。

「なぜ」「何のため」が欠落した学校教育は、画一的な人間を作ってしまいます。

「なぜ」「何のため」の前で足踏みしているこどもは、学校で好成績を取るのは非常に難しくなります。結果、暗記が得意な人間だけが、いい大学に入るということになります。

そんな人間が、今の日本の国家の中枢を担っているとすれば、恐ろしいことです。

今後、どうしたら暗記人間に支配されることなく、日本を立て直すことができるのか？

それには、なぜ(原因)と何のため(根拠・証拠)という視点をもっと授業の中に取り入れ、人間の行動心理に基づいた学習法を取り入れることが大切です。しかし、今の日本の学校教育は、この先30年は変わらないでしょうから、親が、なぜ（原因）と何のため（根拠・証拠）という観点からこどもに教える必要があります。

このフォーマット（構成）は、すべての問いに当てはめることができるので、いくつか例を見ていきます。

なぜ（原因）↓何のため（根拠・証拠）

なぜ、サラリーマンではいけないのか？

↓ 年功序列がなくなり、会社での勤続年数が短くなったから

なぜ、会社の歯車ではいけないのか？

↓ 安い賃金で雇える外国人労働者やＡＩの導入であなたの席がなくなるから

なぜ、自立をしなければいけないのか？

↓ 退職金も年金も当てにならないから

なぜ、今のままではいけないのか？

↓ 時代は変わり、過渡期を迎えているから

なぜ、起業家にならなければいけないのか？

↓ 大企業が生き残りを懸け、価値を生み出せない人間ははじかれるから

このように考えていくことで、自ずと原因と解決策が見えてくるのが分かります。あとは、先のフォーマットに当てはめ、「どうやって」と「今すぐ」を加えることができれば、自立へのシミュレーションは完成です。

親でもあるあなたが、こどもに対しおこなう教育は、このように、なぜ（原因）と何のため（根拠・証拠）の問いかけを徹底しておこなうことです。

これは、お子さんをビジネスの現場に同行させ、見せる場合も同じです。

このふたつのが欠落すれば、成功への人生設計は築けません。

今、日本が迎えている現状を考えると、徹底して、なぜ（原因）と何のため（根拠・証拠）を教え込み、自分の頭で考え、価値を創造できるこどもを育成してください。

それが、今後の日本を守る唯一の教育法です。

良くも悪くも必ず結果を見せろ

ビジネスは、100%を目指すことはできても、100%達成することは、かなり難しいものです。

それを示すのが、会社生存年数です。

ひと昔までは、企業の平均寿命30年が通説でした。会社を作れば、そう簡単に潰れることはないという考えが蔓延《まんえん》していました。近年、インターネットの普及とグローバル化が進んだことで、けっして企業存続が安泰な時代ではなくなりました。2011年の帝国データバンクの調査資料によると、1年経過後の生存率・97％、5年経過後の生存率・82％、10年経過後の生存率・70％、20年経過後の生存率・52％、30年経過後の生存率・47％。（2011年度版中小企業白書）

その結果、会社を作っても、長続きしないどころか顧客がひとりも取れず、再起不能の会社まで出る始末です。

「だったら、サラリーマンのほうが気楽でいいのでは？」という人がいますが、結局は雇われの身、基本的に不安定な状態は同じです。

会社組織である限り、自分が社長を務めようと、社員として雇われようが、ビジネスのやり方をマスターしない限り、継続させることはできないのです。

八方塞《ふさ》がりのように見えますが、仕事を受注することさえできれば、ビジネスを立ち上げることができ、永続的にビジネスを構築することは可能です。

なぜなら、売り上げは顧客がもたらすからです。お客の獲得の仕方をマスターできているところには、人もお金も集まります。

◎2020年に周年記念をむかえる企業数

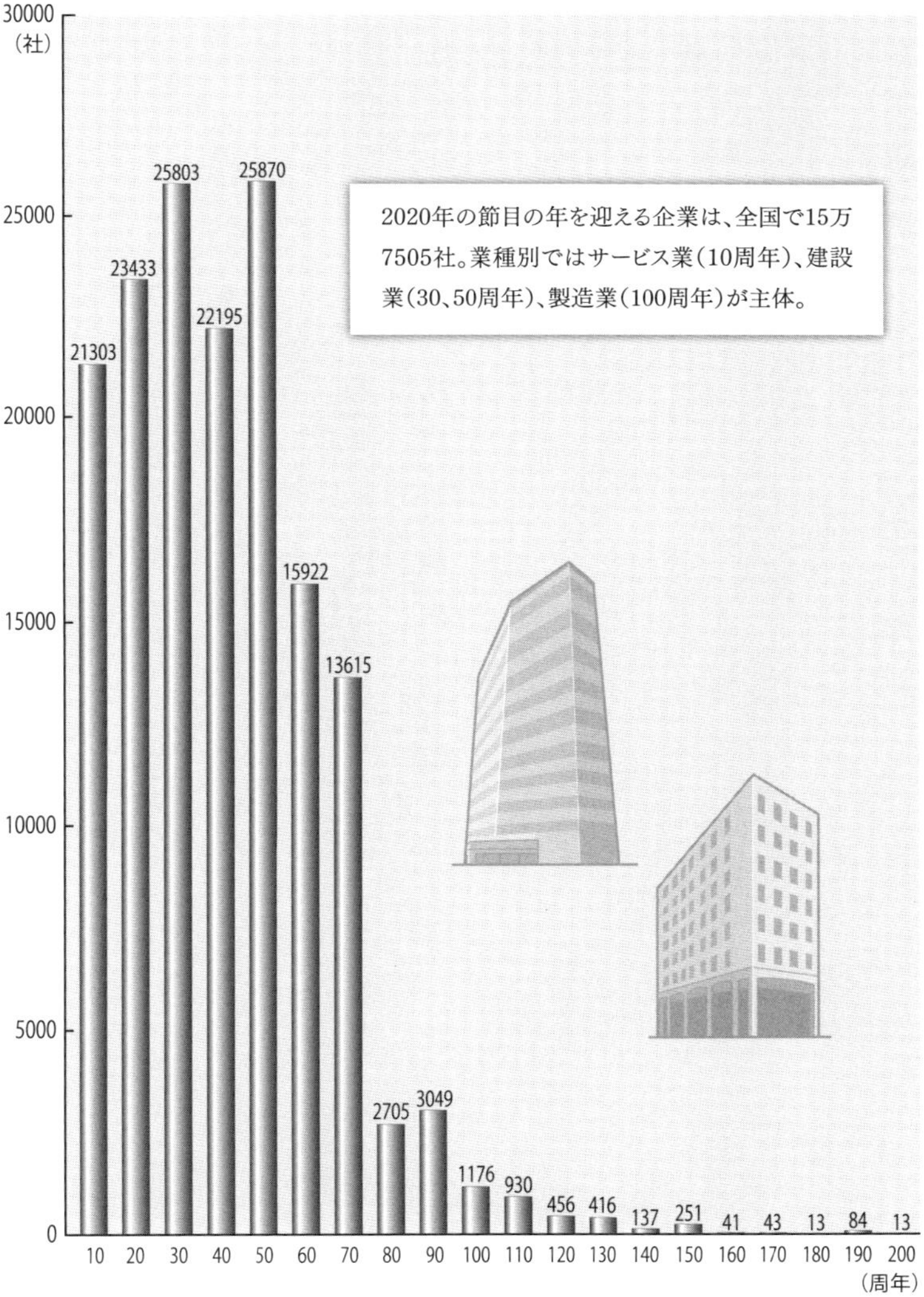

(出所)©帝国データバンク

それを叶えるのが、**「先人の教え」**です。

人によっては、この先人の教えを教材にまとめ販売したり、コンサルタント業務として企業サポートしたりと、さまざまですが、そこに共通することは、これまでの失敗体験を通して、そのすべてを排除。ある意味、いいとこ取りしたものを教えてくれるからです。先人の貴重な体験は、起業家にとってはメリットです。

これは、親から子に引き継ぐ場合も同じです。

親が失敗したことを、こどもに引き継がせないためにも、失敗談を聞かせるのは、非常に勉強になります。

親なり先人の失敗談は、こどもに自分と同じ道を歩ませないための教訓です。

失敗という可能性を排除できれば、成功までの道のりを短縮することにもつながります。損失を最小限に抑えることもできます。

私自身、ビジネスをはじめる際には、先生をつけたことで、失敗することはありませんでしたし、最短最速で業界トップに登りつめることもできました。

もし、先生をつけずにビジネスに邁進《まいしん》していたら、今ごろは、成功どころか、サラリーマンに戻っていたかもしれません。

そう考えると、先達《せんだつ》の知恵を借りビジネスを立ち上げることが非常に大切ですし、逆にその過程を経ずにビジネスを立ち上げてしまえば、失敗の確率を高めてしまいます。

なぜなら、周りを見渡すと、そんな人ばかりなのです。

自分の能力を過信し、独学でビジネスをはじめる人が多いのです。そんな人で、成功している人を見たことがありません。独学でビジネスを立ち上げれば、すぐに独立という夢は叶えることはできても、食べていくのがやっとといったところが現状です。

これでは、何のための独立なのか分かったものではありません。苦しいだけです。

このことは、ビジネスの世界に限ったことではありません。

どの業界においても、今、活躍している人は、誰かの教えを受け継ぎ、常に応援を受けています。独力、一匹狼で業界のトップに登りつめることは不可能です。

どの業界も先人の教えや後押しは、絶対不可欠です。こういったことを、独学を選択する人（お金をケチる人）は気づいていません。

授業料を払い、先生の教えを身につければ、成功までの最短距離を走るのは、簡単です。

そのための第一歩は、目指す世界で成功している人を探すことです。

このように言うと、「私の目指す分野には成功者がいません。だから私は自分のやり方を通します」という人がたまにいますが、その分野に成功者が見当たらなければ、可能性はありません。ですので、自分の能力を過信せず、人生という時間を有効に使うためには、成功者がいる市場ないしジャンルを探し、成功者にアプローチすることです。

それが成功を手にする最短距離です。

時間は有限ですが、お金は「無限」に得ることができます。

そのひとつが新しい教えの習得（採用）です。

先人の知恵から新たな価値観をビジネスに取り入れれば、失敗を最小限に抑え、早い段階で成功を勝ち得ることができますし、将来、授業料を回収し、余りある利益をもたらしてくれます。無益に時間を費やすより、時間をお金で買う感覚が、ビジネスマンには必要です。

その際、コンサルタント選びだけは、慎重に。コツは、その人の**実績・結果で判断する**ということです。

現在、コンサルタントを名乗る人は、星の数ほどいますが、実際にコンサルタントとして結果を出している人は、数えるほどしかいません。

多くは、誰からの依頼もない名ばかりコンサルタントが、集客サポートを謳《うた》っていたり、本人がまだ独立できていないにもかかわらず、独立起業コンサルを名乗っているなど、酷いものです。とくに、インターネットで公開されるこの手のサイトには気をつけてください。

比較することで体験できるサービスの質

世の中は、なにかと**「比較」**することで成り立っているところがあります。「比較」とは、複数のものを見比べて、それぞれの違いをはっきりさせることですが、こどもにビジネスを教える際も、この「比較」をするという行為は効果を発揮してくれます。

というのも、比較なくして、現状把握はできないからです。

とくに、こどもの場合、前提条件を知らないことが多いので、目の前の現状を「正」として、すべてを判断してしまいます。

それを示すひとつの例をご紹介します。

私は家族旅行に行くとき、通常、スイートルームを予約しますが、たまたまそのときは、「飛行機とホテルをパッケージにしたほうが、「お得だ」というので、セット割りをお願いしてしまいました。

すると、到着したホテルがアップグレードがきかず、普通の部屋に泊まる羽目となったのです。

これには、ショックでした。せっかくの旅行が寝泊まりするだけの狭い部屋。しかも、こどもは部屋に入った瞬間、「狭い、何この部屋」と言い出す始末。さすがに、このときは、私も狭いと思ったので、それ以上、何も言うことができませんでしたが、逆に、この狭い部屋を見せることで、いつものありがたみに気づいてくれればと思ったほどです。

これも、いつも泊まっているスイートルームと「比較」したからこそ気づけたことで、いつもの部屋が狭ければ、気づかなかったということです。

このように言うと、「自慢ですか?」と思われるかもしれませんが、ここにこそビジネスを成功させるヒントが隠されているのです。

何事もそうですが、「比較」するものがあるからこそ、違いに気づくことができます。その違いに気づくことができれば、あとは、良い部分をビジネスに取り入れ、悪い部分は排除すればいいことです。

しかし、この違いに気づくことができなければ、改善することも成長することもできません。これでは、ライバルとの競争に負けてしまいます。

「比較」という目を持ちつづけることは、起業家にとって、必須条件なのです。

その際、ひとつだけ注意しなければいけないことがあります。

それは、悪いサービスに慣れてしまってはいけないということです。

人は、環境に順応しやすく、悪影響を受ける可能性があるからです。

これは根拠なく言っているのではなく、脳科学研究で証明されています。

1996年イタリアのパルマ大学のジャコモ・リッツォラッティ博士らが発見した理論で、ミラーニューロン（別名、モノマネ細胞）というものがあります。

簡単に説明すると、目の前にいる人のモノマネをしてしまう細胞が脳にはあり、良くも悪くも影響を受けてしまうというものです。

そのような意味では、何を模倣するかで、その人の人生は大きく変わってしまいますので、注意が必要です。

あなたの人生を壊さないためにも、（悪影響をもたらす人には近づかず）、好影響をもたらす人、環境に接することをおすすめします。

その際のコツは、ふたつ。

「比率」と「同じ客層での差」を見ることです。

まずは、「比率」から見ていきます。

ミラーニューロン効果は、あなたの人生にも大きく影響を与えますが、少しの時間で影響を受けるかといったら、そんなことはありません。

よほど強烈な経験をしない限り、短時間であれば大きな影響を受けることはないのです。少しの比率（時間）であれば人生が急に悪化するということはありませんので、たまに低いと感じるレベルのサービスを受けて、差を感じてください。

次に、「同じ客層での差」についても見ていきます。

例えば、同じホテルの中でもランクというものがありますが、客層が大きく変わることはなく、ある程度のクオリティーを担保したまま、差を体験することができます。

中には、「同じホテルであれば、むしろ差はないのでは？」と思う人もいるかもしれませんが、5星ホテルになればなるほど、上級会員と一般客とでは、明確な差をつけるのが、ホテルのサービスです。

これは上級会員になれば分かりますが、上級会員だけが利用できる専用ラウンジや特別サービスというものがありますので、ワンランク上のサービスを実感したいという方は、愛用するホテルを決めるのもいいかもしれません。

このように何かを「比較」する際、基準値がなければ、比べることもできませんし、違いに気づくこともできませんので、こどもの教育の上でも、一流と三流の両方を体感させ現実を通じて比較させることが大切です。

これはビジネスの差を見つける訓練でもありますので、ゲーム感覚で取り入れてあげるといいかもしれません。

◀6章▶

起業家教育レッスン 6

観察させる

Seven Lessons

一流のサービスがセンスを磨く

人は、目にしたもので常識を作り、習慣にすることで基準を変えます。

しかし多くの人は、そのことに気づいていません。

人生を変えたい、成功したいと言いながら、何十年と変わることができないのは、未知なる上位ステージ（世界）を見てないことが、そもそもの原因です。これは、その人の能力以前の話です。

人間、見てないものを真似《まね》ることはできません。

ここでは綺麗ごと言っても仕方ないので、批判を恐れずに言わせていただくと、人は収入別階層に住み分けされ、日々を過ごしています。

日本の場合、この差はあまり明確にされていませんが、海外では地域による「収入格差」は常識です。

国によっては、階級制度として導入され、明確に線を引くことで、家賃以外にも光熱費、食品値段など価格の違い（差）を表わしています。

これは、平均給与を出せる日本では考えることはできません。

同じ系列のスーパーで売ってる玉ねぎや牛乳が、明らかに違う価格で販売されることは、日本では見かけないからです。

では、海外においては、「安い地域の牛乳は、賞味期限が切れているの？」「高い地域の売れ残りを安い地域に運んでいるの？」などと考えてしまいますが、そうではありません。そんなことすれば、スラム街に住む住民であれ、暴動を起こし、人権侵害で訴えてきます。人権はしっかり守られています。

しかし、完全に商品が同じかと言われれば、そんなことはありません。同じ玉ねぎでも、綺麗に洗われた状態で置かれているのか、泥まみれの状態で置かれているのかと、多少の違いはあります。でも、その程度です。商品自体の品質は変わりません。

さすがに、スラム街であれ、お店の看板を背負っている以上、顧客の期待は裏切りません。店側も出店地の違いはあれど、ブランドを傷つけることはしません。

一方で、高い地域の人が「商品が安い」ことを理由に低い所得（地域）のスーパーで買い物をすることはありません。日本と違い海外は安全ではないので、異なる地域の人が少しでも迷い込もうものなら、強盗に遭う確率は高く、危険だと知っているからです。

そのため、海外では、お互い異なる地域に行くことはありません。地域の一線を超えることはないのです。


それだけ、地域差は大きいわけですが、日本では、ここまで深刻な状況にないので、自由に行き来することができます。

あなたが、ちょっと贅沢《ぜいたく》したいと思えば、主に収入の高い人が利用する場所（五星ホテルや高級レストラン）に出向けばいいだけですし、今後、家族の生活レベルを上げたいと願うなら、日常的には行かない場所にこどもを連れて行くことだってできます。

「そういった大人の場所は、こどもは受け付けないのでは？」と危惧する人がいますが、10歳に達していれば問題ありません。

むしろ、もっと早い段階から連れて行き、収入が高い人たちが出入りする場所に馴染ませることです。

人は、環境に影響され、時間を共有することで順応する生き物です。

こどもも、はじめは、これまでの環境の違いに、驚き、感動のあまり、落ち着きない素振りを見せるかもしれませんが、それは、大人も同じです。行き慣れないところでは震えがきますし、キョロキョロしてしまうのは仕方ないことです。しかし、一生、そういった場を敬遠している限り、人生を大きく変えることはできません。お子さんの未来を変えるためにも、勇気を持って出向いてください。

最初のうちは、不安も多いと思います。そういう場合は、場慣れした友達と一緒にラウンジでティータイムを楽しむのもいいかもしれません。また、ホテルでのランチを過ごすだけでもいいかもしれません。

そこには、日頃、接することのない人たちが、あなたを優しく迎え、最高の接客でもてなしてくれます。それを繰り返すことで、あなたのセンスは磨かれていき、炯眼《けいがん》と気品溢れる振る舞いを同時に身につけることができるようになります。

大切なのは、**基準値を一流に**置くことで、あなたの感覚値は徐々に上がりはじめ、あなた自身を変えてくれます。

観察が気遣いレベルを磨いてくれる

これまで「一流」ということについて考えたことありますか？

「収入」「実績」「知識」「品格」etc……

いろいろなものを連想したと思いますが、どれも違います。

「収入」といっても1億あれば一流なのか、それとも100億なければ一流じゃないのか、財産の多寡《たか》では分かりません。収入が1000万円も満たない人であっても、一流と呼ばれる人たちは大勢います。

次に、誇れる「実績」の場合はどうでしょう。

皆が分かるようなノーベル賞といった目に見える実績でもあれば別ですが、大半の人が持つ実績は、外見からは分かりません。それがどのように凄いのかも分かりません。実績が公になってはじめて分かるものです。

また、「知識」は大切ですが、「知識」だけでは使いものになりません。それが「知恵」として活かされない「知識」なら、雑学王になるだけです。最低限のルールをマナーとして知ってさえいれば、OKでしょう。

では、「品格」の場合は、どうか?

こちらも同じで、「品格」とは、滲《にじ》み出るもので、具体的な計測の仕方などありませんし、形があるものではないので、なかなか判断がつきません。

そう考えると、一体、どのような人が一流として認められるようになるのでしょうか?

それは、**「配慮」**であり**「気遣い」**のできる人です。これがあなたを一流に引き上げてくれます。

「ビジネスにも配慮や気遣いは関係しますか?」という人がいますが、大ありです。というか、配慮や気遣いのできる人は、業界トップになることができます。

ビジネスの根本は、コミュニケーションです。そのためには、相手への「配慮」や「気遣い」を心がけることです。ここに、ビジネスのすべてが網羅《もうら》されています。

あなたがビジネスをマスターし、人生のレベルを上げたいと願うなら、「配慮」や「気遣い」は成否を分ける重要なキーワードです。

このことさえ忘れなければ、ビジネスの世界で、一流の座を射止めることができます。

では、どうすれば一流の条件である「配慮」や「気遣い」を身につけることができるのでしょうか？

それを叶えたければ、一流から学ぶことです。

とはいえ、ビジネスの世界で「配慮」や「気遣い」の達人を探そうとすると、じつは、かなり難しく（ガサツな人が多いため）、日々、実際に「配慮」と「気遣い」を実践、研究している人から学ぶことをお勧めします。

たとえば、五星ホテルで働く「クラブラウンジ」スタッフです。クラブラウンジのことを初めて聞いたという人のために簡単に解説すると、高級ホテルには、上級会員専用の共有スペースがあります。ここでは、チェックイン、チェックアウトの手続き以外にも、食事や飲み物などすべて「無料」で提供され、さまざまなコンシェルジュサービスを受けることができます。

これだけ聞くと、何ともうらやましいサービスかのように見えますが、スタッフの立場からしたら、緊張の連続だと思います。

なぜなら、ここにくる顧客は、年間1000万円以上使っている（ホテルにより異なる）お得意様なので、ホテルとのかかわりも強く、妥協は許されない人たちが大勢います。

当然、彼らの収入は、他とは桁違いで、最低、億単位のお金を稼いでいる人ばかりです。となれば、ラウンジで働くスタッフも一流の「配慮」と「気遣い」を要求されわけで、万が一、粗相《そそう》があろうものなら、総支配人が飛んで対応に当たります。

そんなアッパークラスを相手にしなければいけないので、一般客を担当しているスタッフとは大違いです。格とレベルが違います。

そのスタッフの動きを見れば、「配慮」や「気遣い」の姿勢を学ぶことができます。

一流のサービスを体感し学びに変える

私の場合、世界65カ国に展開しているハイアットグループの上級会員（グローバリスト）になっていますが、彼らの質とクオリティーは、群を抜いています。

とくに、クラブラウンジのスタッフは、一人ひとりのお客の顔と名前をすべて覚えています。これだけでは、その凄さが伝わらないので、私自身が体験したエピソードをお話しします。

私は、某先生の車（助手席）に乗って、都内にあるハイアットに到着しました。

すると、私が車から下りた瞬間、「船ヶ山様の御到着です」とスタッフが内線に向かい言いました。

これには、さすがの私も驚きました。

というのも、私の車（ナンバー）が事前に登録されていて、到着とともにスタッフが内線したのであれば、理解できますが、このときは、先生の車に乗り、私がホテルに出向くことは伝えていなかったのです。(先生も、宿泊の予定はなかったので打ち合わせの後、そのままお帰りになりました)にもかかわらず、スタッフは私の顔を見るや、笑顔でニッコリ挨拶を交わし、内線を手に取ったのです。

こういった心憎いサービスができるハイアットはさすがだなと思いながら、上級会員専用のクラブラウンジへ行くと、チェックインカウンターには寄らず、そのまま部屋に通されました。

不思議に思い、案内してくれたスタッフに聞いてみると、このような扱いをする人は、上級会員の中でも数少ないと言われていますが、上級会員も上位ランクになると部屋でチェックインができるようになるとのこと。

ここまでされたら、他のホテルに泊まることなどできません。

このようなサービスを受ければ受けるほど、「配慮」「気遣い」の素晴らしさに気づくことができますし、また、このような経験をこどもたちにも、味わわせてあげたいと、つねに思っています。

ホテルでの接客対応の素晴らしさを体験した私は、もっと素晴らしいサービスを顧客に提供したいと改めて思うようになりました。また、その考えを、こどもたちにも引き継いでもらいたいと考えています。

この事例で、はじめて知った方も多かったかもしれませんが、同じホテルでも上級会員に提供させるサービスの質は、これまでとは全く違います。

もちろん、「それだけお金を使っているから」ということもあるのかもしれませんが、ホテルだけでなく飛行機など5（ファイブ）スターをつける高級なサービスに共通していることは、上級会員にはあり得ないほどのサービスを徹底しておこない、最上顧客の囲い込みをおこなっているということです。

とくに、一昨年（2018年）からこの動きは顕著《けんちょ》となり、上級会員の条件を厳しくすることで、サービスのレベルアップを図っています。このことを考えると、さらなる二極化は、今後も加速することが予想されます。

これは世界の動きなので仕方ありませんが、グローバル展開している企業のサービスを上級会員として、体感することで見えてくるものも、たくさんありますので、あなたに「上級会員になれ」とは言いませんが、ホテルによっては、スイートルームに宿泊すれば、クラブラウンジが使えることもありますので、将来への投資ととらえ、こどもたちを連れて、クラブラウンジのサービスを受けることをお勧めします。

教育の一環として考えれば、決して高いものではありません。

未来あるこどもには、一流のサービスを体験させ、将来のビジネスに備えて下さい。視野を広げる意味でも……。

こんな世界があるんだということを実感すること間違いありません。

その願いを叶《かな》えるもの潰《つぶ》すのも、親のお金の使い方で決まります。

それを示すために、グランドハイアット東京でフロントオフィス・マネージャーが実践する気遣いの極意を披露しているので紹介します。

「お客さまの求めているものは、ひとつとは限りません。いろいろな選択肢をご提供することをつねに考えているのがいいと思います。

『あの方はこういう人だろう』とか『この方が求めているのはこれだ』といった決め付け

はしないことです。こういう思い込みはお客さま対応の場面ではよくないことではないでしょうか。広く視野を持ってご対応することが大事でしょう。

また、お客さまに覚えていただくことを期待するのではなく、『まず自分がお客さまのことを覚える』ことが大事です。つまり自分から行動を起こすことですね」

さらに、「総じて言えば『第七感まで使って（お客さまのニーズを）感じるようにすること』でしょうか。お客さまの求めているものを先回りして感じ取るようにして、でも決め付けない。そして自分から行動を起こす、ということになろうかと思います」

一流ホテルマンが実践する気遣い・おもてなしの極意

1、答えはひとつではない＝アプローチの仕方はひとつではない。
2、答えを決め付けない。
3、お客様がこちらを先に覚えて下さるとは思わない。こちらからお客様にアプローチして、覚えていただけるようにする。

（マイナビフレッシャーズより）

類似から連想させる創造性レッスン

こどもに素晴らしいものを見せ、基準値を上げることができたら、次に、やるべきことは、「何に似ている?」をゲーム感覚でおこなうことです。

これは、「まえがき」で長男レムとのエピソードを書きましたが、なぜ彼が、独創性あるフレッシュジュースを考案したのかというと、元々、彼の中で眠っていたアイデアというわけではなく、タイのハイアットで飲んだジュースを企画として出したにすぎません。

ここを多くの人は、誤解します。

今の時代、アイデアをゼロベースで生み出すことはできません。目にするものすべてが、何かのオマージュであり、真似ごとです。

これが分かるようになれば、アイデアを出すのは簡単です。

たくさんのものを見て、触れて、体験し、脳にインプットしておけば、必要なときに最適な情報として、脳の中から引き出すことができます。

それを長男のレムは、おこなったにすぎません。

ただ、彼の凄かったところは、どのタイミングで、脳内に眠る情報を引き出せば、価値を生むかということを、気づきはじめているということです。

これが、ビジネスに隠された利得の真相（カラクリ）です。

ビジネスの基本は、「差」を見つけることです。

「価格」「人件費」「情報スピード」ｅｔｃ……


具体的には、日本で仕入れたものをアメリカで販売し差益を得るものから、アジアから安い人件費で人を雇い入れ、日本企業に送り込むことで利益を得るものなどさまざまです。

この観点で見た場合、レムがおこなったのは、「情報格差」を狙った戦略です。場所を移動させることで、商品は同じでも、お客にインパクトを与えることができます。

というのも環境が変われば、お客が感じるフラストレーション（欲求不満）の大きさも変化するからです。

この視点の重要性を理解することができれば、お金を稼ぐのは簡単です。

なぜなら、**「フラストレーションの大きさ＝売り上げ規模」**となるからです。

しかし、需要のないところ（ライバルがいないところ）で、ビジネスを展開してもお金になることはありませんので、要注意です。

それを踏まえた上で、やるべきことは、ひとつ。

こどものころから、ゲーム感覚で「似ているもの探し」をおこなうことです。

これは、見た目が何かに似ているというものでもいいですし、形式が何かに似ているというものもありです。似ているものを探すことで、成功を加速することができますし、時間を短縮することも可能です。

この説明では、まだイメージが湧かないと思いますので、ひとつの具体的な例をご紹介します。

私は、会社を辞めて独立したとき、あることに気づきました。

それは、「各種業界と企業は、似ている」ということです。

詳しく解説していきます。

多くの人は、もっと具体的にいうと、起業で失敗する人は、社長たる者、自分がすべてを切り開き、先頭を切って、何事に対しても挑まなければいけないと考える傾向にあります。しかし、そんな超人は、ひとりもいません。このような経営者は、何かを成し遂げる前に、消えてしまいます。

しかし、短期間で成功を収める人は違います。

起業の世界は、一般企業の出世レースと同じで、上の人とのつながりから、引き上げてもらうのが一番です。

大きな会社になればなるほど、派閥というものがあります。

これは会社によって、多少異なりますが、社長派vs副社長派というものもあれば、山田派vs鈴木派というものもあります。

呼び名や形態は少し違えども、どちらの派閥につくかによって自分の未来（出世）は決まります。

起業の世界はこれと同じです。

起業の世界は、大きな会社のように、一人ひとりの肩書きは、代表取締役（社長）であっても、業界単位で見れば、役職別に分かれ、社長や役員に位置付けている人もいれば、部長や課長、主任さんや平《ひら》なんて人もいます。

もちろん、副業的にやっている人は、平社員にもなることもできず、バイトといった扱いです。

これは、何でランクを表わしているのかというと、売り上げ規模であったり、顧客数（名簿数）、認知度などが影響するわけですが、業界は、すべてつながっているので、業界トップを目指すというのであれば、現時点で、社長ないし役員として活躍している人に応援してもらうことが大切です。

でなければ、ひとりで成功を勝ち得ることはできません。

一般の会社に置き換えれば理解できます。

「俺は一匹狼だ。これまでの慣習など関係ない。誰の応援などなくとも社長の座を射止めてやる」と言っている人が出世することはありません。

それは、役員や幹部の応援なくして、社長の座を射止めることはできないからです。

だから世の中のサラリーマンは、出世を考えて派閥選びに奮闘するわけですが、起業の世界も似たようなものなのです。

誰の応援もなく、成功することはできません。限りある人生で、一日も早く成功を勝ち取り、人生を大きく変えたいというのであれば、業界にいるレジェンド（権威者）たちとつながり、最高の応援をもらうことです。

それさえできれば、あなたの未来は確約されたも同然です。

応用力は優れた見本があって、はじめて効力を発揮する

成功を早く手にする人と努力しても成功に縁遠い人の差は何か？　**「モデリング」の欠如**が考えられます。

簡単に説明すると、何を（誰を）真似るかということです。

ただ、何でもかんでも真似すればいいということではありません。

努力しても成功できない人というのは、数字が出ているかどうかも分からないものを参考にし（真似しては）、上手くいかないと嘆きます。

それもそのはず。成果の出ていないものを真似しても数字が出るはずはありません。

このように説明すると、「そんな間抜けいるんですか？」と言われそうですが、展示会などには結構な確率でいます。というか、そんな人ばかりです。

そもそも展示会というのは、集客に自信のない人が集まる場であり、費用対効果で考えたら、とても採算の取れるものではありません。

にもかかわらず、集客を人集めだと誤解している人は、とにかく数を満たせば、何とかなると考えます。しかし、何ともならないのは、見込み客（お金を払う可能性のある人）の概念をそもそも理解していないからです。

これでは、大量の人が集まっても、成約を取れないのは当然です。商品を買う可能性のない冷やかし客に、いくら熱心に話をしたところで、受注が決まるなんてことはないからです。

展示会には、消費者としてのお客は足を運びません。

お客を持っているベンダー(製造元・販売供給元)が集まるだけです。この観点に立てば、受注確率は格段に上がります。

なぜなら、お客向けのパンフレットとベンダー向けのパンフレットでは、そもそも内容が異なります。

このように、一つひとつ順序立てて説明をすれば、理解することもできるかもしれませんが、展示会に出店している人は、そこまで考えていません。

だから、展示会に出る大半の企業は、継続することができず、消えていくわけです。そんなところで、あるライバルのパンフレットやチラシを持ち帰っても、ゴミを集めるようなものです。

こんなこと言うと、怒られそうですが、そもそも販売促進とは、成約を勝ち取るセールスマンという位置づけで作成しなければ意味がありません。

大半のパンフレットやチラシは、会社概要や商品説明をするだけのもので、成約には一切、貢献していません。

これでは、紙をムダにするだけです。

では、なぜ多くの企業は、他社のパンフレットを参考にし、自社の販促物を他社を真似て作ってしまうのか？

それは、成約の有無など一切考えず、デザイン（見た目）だけで判断し、発注をかけてしまうからです。

これは、展示会でよくあるケースなので、身に覚えがあるという人も多いかもしれませんが、そんなあなたに質問です。

「成約が取れているかどうかも分からないものを真似て、成約が取れるでしょうか？」

可能性はゼロではないが、難しいかも……というのが、正常な頭を持つ人の意見です。

では、もうひとつ質問です。

「成約が一件も取れていないものを真似て、成約が取れる可能性はありますか？」

よほどでない限り、「それはない」と答えるはずです。小学生でも分かります。しかし、大の大人がパンフレットやチラシを作成する際に、こういったことを一切考えず、何百万円もかけて発注してしまうのは、よほどの能無しか、何も考えてないかのどちらかです。

でなければ、そんなムダな投資はしません。

多くの会社は、ムダなものにお金を使っているという感覚すらありません。しかし、モデリング自体が悪いと言っているわけではありません。

成功を早く手にしている人は、何を真似ればいいかを知っており、つねに、成功の速度（早い目標達成）を意識しています。

彼らは、何かを真似する際も、徹底的に調査し、モデリング先は、厳選に厳選を重ね、細心の注意を払いながら選定しています。

それは、モデリング先が、ビジネスの成否を決めると知っているからです。

成功者は、つねに成功者とだけと付き合い、情報交換を怠りません。もし、あなたが何の情報を持たずしてビジネスを立ち上げたとしたら、それは自殺行為以外の何ものでもありません。

まず、ビジネスは、人件費や広告費を含めた経費を先に出さなければいけません。徒手《としゅ》空拳《くうけん》でライバルと戦うことを考えると、ゾッとします。情報なしにビジネスをおこなうのは危険だということを知るべきです。

あなたがお子さんにビジネスを教える際（もしくは、学ばせる）には、いい情報を徹底的に厳選し、吟味しなければなりません。

なぜなら、こどもが脳にキャッチする情報の「質」が、良くも悪くも未来を決めるからです。

注意しなければならないことは、インターネット等の、どこの誰が発信しているか分からない無料の情報に、現《うつつ》を抜かしているとしたら、自滅を招きます。損をしても誰にも文句を言うことはできません。

インターネットは規制がない分、誰でも発信することができますし、2次情報や3次情報をさも自分の情報かのように発信している人も多いので、ネット上には出涸《でが》らしの情報が溢れかえっています。

これでは、迷い、混乱するのは当然ですし、情報の波に飲み込まれてしまいます。

万が一、インターネットで情報を取る際は、裏付けある信頼性の高い人をきちんと見極め、価値ある情報を得ることが大切です。

ここで、さらに大切なことは、正しい情報に出会えたら、きちんとお金を払い有料サービスを受けることです。そうすれば、相手にも責任が生じますし、自分も元を回収するという意気込みで聞くことができます。


お金とは、価値を表わすひとつの形です。

この観点で見た場合、お金を払うことは決して悪いことではありません。価値を受け取ることになります。

お金を払わない（ケチる）ということは、言い方を換えれば、ゴミ集め（価値のない情報）しているのと同じですので、一日も早い成功を望むというのであれば、今すぐ「無料」の情報は止めることです。

◀7章▶

起業家教育レッスン 7

実践させる

遊びでいい、言葉が生み出す未来の現実

最強のビジネスは、遊び感覚でやっているにもかかわらず、儲かってしまうことです。

ここでのポイントは、儲けるのではなく**「儲かってしまう」**ということです。

この領域に達している人は、ストレスを一切感じませんし、楽しくて仕方ないので、どんどんお金を引き寄せます。

この状態を、こどものころから構築することができれば、こどもも、ビジネスを楽しいと感じ、仕事をしている感覚を持つことがありません。

そもそも仕事とは、イヤイヤやるものではありません。

人生の大半を仕事に時間を費やすわけですから、イヤなものに時間を費やすのと、楽しいものに時間を使い謳歌するのとでは、生きる意味、人生の価値観が変わります。

「仕事とは、そんな甘いものじゃない」という人がいますが、それは、望んでもいない地べたを這うようなイヤな仕事を選べば、楽しくはありませんし、過度なストレスに押し潰

され、逃げたくなるかもしれません。

しかし仕事は、選ぶことができます。早い段階（幼少期の時点）でビジネスに対する正しい考え方をセットアップできれば、自分の強み（タレント性）を発揮できる仕事に出会うことができます。

それを叶えてくれるのが、**「言葉を使った擬似《ぎじ》体験」**です。

わが家では、こどもたちにどのような起業家教育をおこなっているのかというと、**会社名をつけさせる**という遊びをおこなっています。

ちなみに、長男レムが考えた会社名は、『Rカンパニー』といいますが、自分の名前が英語表記で、REMとなるので、その頭文字を取って命名したようです。

このように、会社名があるだけで、社長という自覚も遊びの中で培われますし、楽しみながらビジネスの感覚も養われます。

それを後押しするのが、妹のリラの存在です。

最初、リラが小さいころは、副社長はリラがやるということになっていましたが、だんだんとお兄ちゃんの言いなりになるのがイヤになり、最近では、自分も「社長になる」と言い出しています。

この時点では、まだリラは会社名を決めていませんが、副社長でいる限り、一生、自分は、お兄ちゃんの言いなりから解放されることはないということを理解したようです。


このように言葉が持つ効果は、絶大です。

会社名をつけることで、自分は社長となり、妹を副社長に据《す》えることで、組織を作る。その組織がイヤであれば、自分で会社を作り、社長になる。


この感覚は、サラリーマンにはない発想です。

通常、サラリーマンの場合、会社がイヤであれば、まず真っ先に考えるのが、「転職」であり、「独立」ではありません。

しかし、転職を繰り返している限り、何も不満は解消されず、結局、自分のやりたいことなど見つかりません。

それどころか、転職先には、目障りな上司が威張り散らし、自分の居場所を確保することが精一杯で、再び転職を繰り返す。なんてことも珍しくありません。

こんなことでは、自分の人生を生きているとはいえません。一体、あなたは何のために生きているのか？

このようなことを考えたとき、親として、こんなサラリーマン人生の現状をこどもに引き継がせたいと思うでしょうか？

私は、思いません。

だから、私は、負のスパイラルを打ち破るために、起業しましたし、自由を手に入れることを決めました。

これは、私だけの問題ではなく、こどもたちが、これから歩む未来（人生の選択肢）にも大きく影響を与えると考えたからです。

サラリーマンの家庭では、多くはサラリーマンになります。


起業家の家庭は、起業家を生みます。

もし、あなたがサラリーマンというの働き方に疑問を感じているというのであれば、早い段階で、サラリーマンから起業家を目指すことをお勧めします。でなければ、あなたのお子さんもサラリーマンになるだけです。

もちろん、あなたの中でサラリーマンという生き方に疑問を感じることなく、最高だと感じているのであれば、起業家を目指す必要はありません。

しかし、時代は変わりつつあります。サラリーマンというポジションが称賛され、謳歌できたのは、バブル期までです。

それ以降は、悲惨以外の何ものでもないことは、あなたが一番理解しているはずです。だとしたら早い段階で、こどもたちには、「起業させる」という選択肢を提示し、将来、社長になるという訓練を今のうちから、具体的に「言葉を通じて」おこなってください。

その少しの練習が、未来の選択肢の道を開きます。

言葉が先、現実はあと、言葉が創造する世界とは一体

今では、わが家のこどもたちは、将来「社長になる」と当たり前のように言います。が、これまでの認識を変えたきっかけは、8歳のレムの誕生日にありました。

当時は、マレーシアに住んでいたので、誕生日をかねて、タイに遊びにいきました。

(この時の模様は、ネットに公開していますので『船ヶ山哲の長男レム8歳の誕生日』で検索してください)

このときは、象乗り体験をしたり、水上マーケットに行ったり、ホテルのプールで遊んだりと楽しんでいましたが、とある寺院に立ち寄ったときだけ、レムの様子が違っていたのです。

何やら真剣にお願いごとをしている……

気になった私は、何をお願いしていたのかと尋ねたところ、8歳になったばかりのレムは、こう言いました。

「お金持ちになりたいと神様にお願いしたよ」

それを聞いた私は、瞬時に、「だったら、社長にならないとね」と答えました。

それからです、レムが「社長になる」と言い出すようになったのは。

このときのことを、レムが覚えているかどうかは分かりませんが、この日を境にレムが社長になるという思いが固まったように感じます。

その後、ことあるごとに、自分は社長になると言っていますし、ビジネスのための商品なども考案しているようです。


この時点では、将来、わが子が、どのような大人になるのかは分かりませんが、大切なのは、自覚を持たせ、**言葉を繰り返させる**ことで、いい意味で、自己洗脳をかけてあげることです。

たまに、紙に夢を書けば叶うという人がいますが、その夢が叶わないのは、書いたことすら忘れるからです。

これでは、叶うはずもありません。

しかし、その夢を口にしていろいろな人に言って歩けば、かなりの確率で叶えることができます。

なぜなら、その夢を一番聞いているのは、自分だからです。

自分で発言した夢を一番自分が聞く。

100人に夢を語れば、自分は100回聞くことになる。

1000人に夢を語れば、自分は1000回聞くことになる。

これだけ聞いたら忘れませんし、叶わないはずありません。

それほど自分の発言を聞くということは、強力です。

よっぽどの頑固者でも、さすがに100回聞けば、自己洗脳にかかりますし、自分の口で発するわけですら、自分を疑う人などいません。

これは私自身、この効果を体感したひとりです。

私は起業当時、何の根拠もなく「5年後は、海外でオーナーとなってビジネスをおこなう」と言っていました。

出会う人、出会う人、さまざまな人に自分の夢を語っていたのです。

あれから7年が経ちましたが、今は家族とともにカナダに住みながら、オーナーという立場で働いています。これは、起業当時に言っていた自己洗脳によって叶えた夢だと感じています。

ただ、この夢は、ひとりで叶えたわけではありません。

周りに自分の言葉を伝染させることで、周りの力を上手に使ったということです。

私の場合、一番近くで聞いていた妻が影響を受けました。

ある日突然、マレーシア教育移住のセミナーがあるんだけど、一緒に行かないと言われたときには、正直、冷や汗が出ました。

冷静になって考えてみると、そもそも妻が、そんなこと言い出したのは、私の発言によるものでした。

このときは、何で「海外に住んでオーナーになる」なんてこと言ってしまったんだと後悔しましたが、時には人生は強引かつ強制的に変えることも必要だと自分に言い聞かせ、ブルブル震えながらセミナーに参加したのを覚えています。

今では、臆病な私の背中を半強制的に押してくれた妻には感謝しています。

このように人生というものは、口にしたものが現実となり、周りを動かす原動力ともなりますので、あなたの中に、叶えたいけど、まだ叶っていない夢があるというのであれば、まずは、口にすることです。

仮に、誰からの応援がなかったとしても、自分が発する言葉に自分が一番影響を受けますので、夢をセットアップさせることで、夢を叶える確率は格段に上がること間違いありません。それを、こどもにもやってあげてください。

実際に作らせ、商品を感じさせろ

レムの遊びの中に、**「商品を作る」**というものがあります。

もちろん、まだこどもなので、立派なものを作ることもできませんし、実際に売るという感覚はありませんが、大切なのは、**時間や労働という概念の排除**です。

遊びであれ、商品を作るということは、サラリーマン的な発想を取り去ってくれます。

サラリーマンというのは、作業代行であり、時間・労力を対価に変え、給料という形で、収入を得ますが、起業家は違います。

商品を生み出し、その商品を対価交換することで、報酬を得るため、時間と労働が収入に影響されるということはありません。商品を作れば、対価が生まれる。その発想です。それを遊びの中に、取り入れることで、起業家教育をこどもに学ばせることができます。それが、商品を作るということです。

そして、もうひとつ。

商品作りをすることで、得られる恩恵（教え）があります。

それは、**「終わらせる大切さ」**を伝えることができます。

これは、サラリーマンにはない発想です。

というのも、サラリーマンは作業代行であるため、延々とつづく作業の中に生きています。しかも、その人が定年を迎え、担当が変わったとしても、その業務がなくなることはありません。

そう考えると、作業を受け継ぐバトンレースをサラリーマンはおこなっているということです。

その点、起業家は違います。

企画単位で、ビジネスをおこなっているので、必ず「終わり」がきます。

たとえば、この書籍の執筆もそうです。

書籍を書いている間は、非常に大変で、時には寝ずにおこなうこともありますが、1冊書き終えてしまえば、あとは、何冊売れようが、著者の時間が奪われることありません。

1冊の執筆にかけた労力が、波を起こし、たくさんの読者を引き寄せてくれるのです。

それが、商品を作るということであり、終わらせる効果です。

このようなことを、こどものころから、遊びを通じて教えることができれば、オンとオフを明確に分けてあげることができます。

仕事をするときは、時間を忘れ、必死になり、終わったら温泉地に出向きオフをとる。

こういった働き方ができるからこそ、起業家は自由でいることができますし、時間を調整することができます。

その典型が、期限を決めることで追い込みをかけた働き方です。

これは、年末年始を想像すれば理解できるかもしれませんが、年末は翌年に仕事を持ち越さないようにと、必死で仕事に決着をつけるということをしますが、私の場合、その追い込みが、毎月やってきます。

私のライフスタイルは、基本、家族とともにカナダに住んでいるので、月1回は日本に帰国し、会員向けに勉強会をおこなったり、テレビやラジオの収録のほか、各雑誌の取材などに時間を使っています。

この期間は非常にタイトで（滞在時期が限られているため）、ギリギリなスケジュールとなっていますが、フルパフォーマンスで仕事をこなすことができています。

これには秘密があります。私は「パーキンソンの法則」と呼ばれるものをビジネスに活用しています。

初めて聞いたという人のために簡単に説明すると、1958年、英国の歴史学者・政治学者シリル・ノースコート・パーキンソンが提唱された法則で、「仕事の量は、完成のために与えられた時間をすべて満たすまで膨張する」「支出の額は、収入の額に達するまで膨張する」というものです。

このままだとよく分からないと思うので、言い換えると、「期間を定めることで期間中に能力を最大化することができる」というものです。だから私は、あえて自分に追い込みをかける期間を設けて、能力の効率アップを図っているのです。

私は、あえて自分に追い込みをかける期間を設けて、その緊張感の中で能力の効率アップを図っているのです。

そうすることで、私の中に眠る超人を呼び起こし、最高なパフォーマンスを発揮することができるのです。

これにより短期間で、すべての仕事をこなし、カナダでは仕事せず、ゆっくりオフを満喫しています。

これは、カナダに帰る期限があるからこそ、寝ずに追い込みをかけれる効果といえます。

必ずブームを追わせ、古い価値観を捨てさせろ

ビジネスは、「タイミング」です。

同じ商品であっても、リリースする時期を間違えると、売り上げは、半減。ないしゼロになることも珍しくありません。

それどころか物を仕入れている場合、売れなければ在庫となるので、負債を抱えるなんてこともありえます。

これでは、何のためのビジネスなのか分かったものではありませんし、やらないほうがマシです。

それほど、このタイミングは、ビジネスの成否を分ける大切な「鍵」となるわけですが、その鍵を手にするためには、どうしたらいいのかというと、ブームに敏感となり、「つねにミーハーになる」ことです。

このように言うと、「ミーハー。何それ、イヤだよ」という人も多いかもしれませんが、ブームを発見するためには、大切な視点です。ブームをいち早く掴むことができれば、ビジネス初心者が爆発的成功を手にすることも可能です。

これは、あまりいい例ではありませんが、ひとつの指標としてお伝えします。

コロナ騒動があった際に話題となった「コロイダルシルバー」という商品があります。簡単に説明すると、シルバー（銀）をコロイド状（微粒子）にすることで殺菌効果を高めた商品になります。

この商品は、アメリカの通販サイトで、1個500円で仕入れることができていましたが、コロナの影響で一気に注目され、3カ月も経たないうちに、1個7000円にまで跳ね上がってしまいました。

私はこれをビジネスにしようとは思いません。ただ、ここで大切なことは、何らかのイベントが起きた際に、ブームの火種をいち早く見つけることで、ビジネスになるということです。

ビジネスというものは、タイミングが少しズレるだけで、儲けるどころか損することがあります。いつ仕入れ、いつ仕掛けるかが、成否を分けます。

しかし、多くの人は、なぜ儲けることができないのかというと、誰もやっていないものは、慎重になり怪しいと感じ、チャンスを先延ばしにする傾向があるからです。

「誰もやってないし、誰かがはじめるまで様子みるか……」

身に覚えのある人も多いと思います。それでチャンスを失ったという人もいるはずです。

しかし、ビジネスはタイミングであり、スタートしなければ、利益を生むことなどできません。

一般に、「夢は見るもので、叶わない」というのが定説になっていますが、そういう生き方している人は、一生、人生を変えることはできません。

これは、本来取れるはずの利益を取らなかったということではなく、若くして得るチャンスを失うことになるからです。

チャンスは、山登りと同じで、段階に応じて、チャンスの質と規模が変わります。

最初から何もない人のところにビッグチャンスなどやってくることはありません。

誰だって、最初のうちは、チャンスは小さなものです。

しかし、その小さなチャンスを安易にとらえず、確実にこなし、実績をあげていけば、次なるチャンスを引き寄せることができます。

実は、最初のチャンスを掴む時期というのが、その後のあなたの人生に、大きく影響を与えます。

10歳で、最初のチャンスを手にするのか？
70歳で、最初のチャンスを手にするのか？

同じチャンスであっても、その後のインパクトが変わります。

これはチャンスを与える側の人間として考えれば分かりますが、何もない人にチャンスを与えるほど、怖いものはありません。

なぜなら、チャンスを与える側にも、ビジネスは存在し、成否がかかっています。誰にチャンスを渡すかどうかで、その後の人生が決まってしまうからです。

だから、**チャンスを望む人は、急がなければいけないのです。**

それもできるだけ早くです。

そこでまた「今は、時期ではない」と躊躇《ちゅうちょ》していたら、5年、10年はすぐに過ぎてしまいます。

これは、今までの経験上、分かっていることだと思いますので、チャンスの大小にかかわらず、今すぐトライすることをお勧めします。こどものためでもあります。

こどもは、親の背中を見ています。

ウジウジ先延ばし、家族を言い訳にしているダサい背中。

スパッと決断し、家族のために前進するカッコいい背中。

あなたは、どちらの背中をこどもに見せますか？

もし、そこで勇気を持ち、最初のチャンスを手にすることができれば、人生の軌道は変わります。

あとは、ひとつずつこなし、実績に変えていくことで、次なる希望を引き寄せることができます。

L 作業(ルーティンワーク)させるな！ 生み出す喜びにフォーカスさせろ

今、わが家では、レムが紙を使って、さまざまな商品を作っています。

パソコン、スマホ、タブレットなど電子機器が主な対象になっています。

いわゆるRカンパニーの商品です。

もちろん、今は、紙で作っているので、販売したり、お金に換えることはできませんが、

大切なのは、商品を生み出す創造の喜びを体感しているということです。

ここで大事なことは、**作業をお金に換えない**ことです。

これまで何度も言ってきましたが、なぜこれだけしつこく言っているのかというと、人間は日々の習慣に引き戻されてしまうからです。

おそらく、この書籍を戸棚に戻せば、日常の作業に戻る人もまだいると思いますが、そんな親の習慣をこどもが模倣すれば、お子さんの中に眠る可能性を親が潰してしまうことになります。

作業は、所詮、作業です。

それが医師と呼ばれる権威ある仕事であっても、作業している限り、自由は奪われ、収入は上限を迎えます。

私のクライアントには医師もたくさんいますが、彼らの話を聞くと、年収は、ほかの業種に比べ、多少高いかもしれませんが、時給換算したら、普通のサラリーマンとさほど変わらないと言います。

8時間勤務のサラリーマンの場合、500万円~800万円。16時間勤務の勤務医の場合、1200万円~1500万円。

これでは、ふたつの仕事をかけ持ちしているようなもので、お金を使う時間すらありません。

だからこどもには、過去、ステイタスと呼ばれた業種（医師や弁護士など）には絶対させてはいけません。

お金があっても、使う時間がなければ、時間貧乏となりますし、逆に、時間があっても、お金がなければ、ニートになるだけです。

これでは、人生を楽しむことなどできませんし、ムダに過ごすだけです。

それを避けるためにも、**これからの時代は、「自分の人生」を生きる選択を持つことです。**

このように言うと、「私は自分の人生を生きています」という人がいますが、「本当ですか？」それって会社の人生を自分の人生だと錯覚していませんか？

それは自分の人生とは呼びません。

その証拠に、定年後、何もすることがなく、魂が抜かれた状態になり無為に過ごしている人がいますが、辛いだけです。

その点、自分の人生を生きている人は違います。

定年後も自分の好きなことをして人生を謳歌していますし、年齢に関係なく新たなことにチャレンジしつづけています。

こういった人は、年齢問わず、輝いていますし、家族の希望になっています。

ただ、これをサラリーマンで叶えるというのは、かなり難しくなってきています。

なぜなら、退職金がなくなり、年金も先細りしている今、定年後、趣味に生きるといっても、先立つものがなければ、詫しい人生になるのは目に見えています。

これでは、長生きすることも辛く、最期を迎える瞬間も悲しいものとなります。

人生100年時代を本格的に迎えるこどもたちには、今のうちから定年のない自分ビジネスを手掛けさせ、毎日、楽しく刺激に溢れた人生を用意してあげてください。

それを叶えることができるのは、これまでお伝えしてきた**「起業家教育」**です。

商品を次々と作らせ、ビジネスの楽しさをこどもに伝えることです。

とくに、こどもは、何かを作るということに熱心で、時間を忘れ、没頭することができます。

その楽しさを大人の押し付けで、こどもから奪ってしまうのは、よくないことです。

しかし多くの人は、サラリーマンとしての生活を生きてるので、自主的に何かを作り上げるという楽しさを、知らず知らずのうちに、こどもから奪っていたという人も多かったかもしれませんが、これからの時代は、この楽しさを優先してあげることが、こどもの未来を大きく花開かせてあげることになります。

こどもの可能性を潰さないためにも、教育する立場の親自身が、世の中の流れを知り、これまでの常識に縛られない考え方を持つことが大切です。

過去の延長線上に未来はありません。

過去に培われた常識が、この数年で崩壊した今、新たな常識を、われわれが再構築しなければいけないのです。

それが、今を生きるということであり、こどもたちの未来を作るということです。

人間、急ハンドルを切るのは、非常に勇気がいります。しかし、この先、盲目的に突き進んでも壁にぶち当たるだけです。そうならないためにも、これまでの常識を疑い、変わる勇気を持ってください。
その勇気が、こどもの憧れとなります。
そのために、今日、最初の一歩として、あなたは何から始めますか？

おわりに

カッコイイ背中を見せたい!!

2009年10月9日 22時20分。長男レムが生まれました。

はじめは目を疑いました。私と瓜ふたつの顔がそこにはあったからです。「親子なんだから当然でしょ」と思われるかもしれませんが、私の中では、男の子は、「お母さんに似る」という定説を信じていたため、まさか自分に似ている子が生まれてくるとは、想像していませんでした。

あまりの衝撃でハンマーで頭を叩かれた思いでした。

この出来事をきっかけに、私はもう一度人生に対し、チャレンジしたいと思うようになりました。さらに、「父親としてカッコいい背中をこどもたちに見せたい」とも思うようにもなりました。

あれから10年。

私は無事に、念願だった起業を叶え、10冊目の本を出す著者にもなることができました。

今こうして振り返ると、レムがあのとき私のところにきてくれなければ、臆病だった私は、起業を叶えることもできなかったと思いますし、いまだにサラリーマン人生から抜け出すこともできなかったと思います。

そう考えると、長男レムには感謝していますし、心から「勇気をくれてありがとう」と言いたいです。

ただ私の夢は、これで終わったわけではありません。

今度は、長男レムと長女リラと一緒にビジネスをおこない、世界を舞台に戦いたいと考えています。

そのためにも、いま、こどもたちには、海外で生活させ、世界の教育を学ばせているわけですが、最終的には、日本だとか海外だとか、国境を感じさせないビジネスを計画しています。

今は、飛行機もタクシー代わりに乗れる時代です。

そんな中、日本だとかアメリカだとかシンガポールだとか言っていたら確実にビジネスチャンスを失います。

これは国内に置いてみれば分かります。東京だとか青森だとか九州だとか言っている人などいませんし、県境など存在しません。

これと同じです。

とくに最近は、インターネットの普及とグローバル化が進んだことで、ボーダーレスになったわけですが、時代は確実に、ひとつの方法に向かっています。

日本の過去の歴史を見てもお分かりのように、昔は国内において、紛争を繰り返し、覇権争いが絶え間なくおこなわれていました。

しかし今は違います。文明が発達したことで、日本はひとつに統一され、世界に冠たる国家を作りました。

このように考えていくと、将来、世界がひとつに統一される時代が来るといっても、不思議なことではありません。

なぜなら科学が発達することで、文明の進化につながり、世界を身近に感じることで、地球人という意識を持つようになるからです。

その足がかりが、仮想通貨であったり、世界共通端末の存在となりますが、海外に目を向けている人が、「先行して」気づいていることがひとつあります。

それは、ひと昔前は、「東京に進出すること＝成功の足掛かり」という考えがありましたが、今は、東京に出るのは当たり前です。田舎に残る割合の方が少ないくらいです。

それが今後、海外において起きてきます。

日本国内だけで展開していては、利益を生みだすことができない時代が、必ずやってくるということです。

酷な言い方かもしれませんが、経済規模において、東京が日本の地方のような存在となり、日本の都市部（東京）にいても稼ぐことができなくなるということです。

世界という視点に立てば、東京は、地方同然です。

これでは稼げたとしても、生活費程度です。贅沢はできません。

もちろん、贅沢がすべてではありませんが、地方で見られるシャッター商店街を見る限り、希望はありません。

ましてや、自分のこどもに、そんな夢のない生活などさせたくありません。

だから、わが家では、いち早く海外に飛び出し、世界の教育を受けさせると決めたのです。

このように言うと、「お金がある人の自慢ですか？」という人がいますが、そうではありません。

お金がなければ、稼げばいいだけです。

私もお金があるから海外に住んでいるのではなく、海外で最高な教育を受けさせたいから、ビジネスを起こし稼いでいるにすぎないのです。

だから、あなたも他人の成功を羨《うらや》み、やっかみ言う暇があるのであれば、ビジネスを立ち上げ、将来のこどもたちのために稼いでください。それが個人であってもできるのが、今の世の中です。


人生は、自分で決めることができます。
・サラリーマンの生き方
・起業家の生き方

どちらがいいかは、あなたが決めればいいことですが、間違いなく言えることは、この数十年の間に確実に日本は変わります。

サラリーマンという生き方が崩壊した今、学校教育も変わっていくのは時間の問題です。その変わり目が「今」となりますので、手遅れにならないためにも、今のうちからこどもにも起業家教育をおこない、海外に目を向けてください。

それが、こどもたちを守る親の務めでもあり、未来を切り開くきっかけとなります。

優れたアイデアに出会う秘策

家族とともにニューヨークにいます。

先日、足を捻挫したこともあり、観光はかなり足に堪《こた》えます。

そこで、足休めにショッピングをかねて、大型の洋服屋さんに入ることにしました。

しかし、そこには洋服はあれど、椅子がひとつも見当たりません。仕方なく店内を散策することに。

2階、3階、4階、5階。

どこも見当たりません。

しかし、妻はまだショッピングを楽しんでいるため店外に出ることもできません。

すると、長男のレムが面白いことを言い出しました。

「パパ。靴売り場に行くよ」

意味も分からず、レムに着いて行くと、そこには、先ほどまでいくら探しても見当たらなかった椅子が無数に並んでいました。

彼の頭の中では、昔に行った「靴売り場に椅子はある」ということを思い出し、もしかしたら、このお店にもあるかも、という連想がパズルのように頭の中で重なり合ったようです。

結果、僕はそこにある椅子に座り、足休めをおこなうことができたわけですが、基本、ビジネスも同じです。

今までの経験の積み重ねが、各ピースとなり何かの瞬間に、つながりあうことで、ひとつの形になるなんてことは、よくあることです。

優れたアイデアに出会いビジネスを成功させたければ、こどものうちから、たくさんの経験をさせることが大切です。

追伸：10歳のレムへ

今パパは、この原稿の「最後」を日本で書いています。

コロナの影響で、いまだカナダに戻ることができませんが、将来一緒にビジネスをおこなうための足掛かりとなる基盤を作っています。

このような生活を送ることができているのも、10年前、ムー（レム）ちゃんがパパのところに来て、パワーと勇気をくれたからです。

でなければ、臆病で弱いパパが、ここまで頑張ることはできませんでした。

それだけ、レムの存在（誕生）は、パパにとって大きなことだったし、原動力となっています。

今では、リラも加わり、３人で一緒にビジネスをおこなうという「新しい夢」までくれて本当にありがとう。

まだカナダに戻ることができず、寂しい思いをさせることになりますが、この間もRカンパニーの新商品、一番のファンとして楽しみにしています。将来、一緒に販売できたら、嬉しいです。

令和２年７月吉日

船ヶ山　哲

【著者プロフィール】

船ヶ山　哲（ふながやま・てつ）

1976年生まれ（44歳）。神奈川県出身。カナダ在住。

1999年より、神田昌典氏が提唱するマーケティング本をすべて熟読し、マーケティングの研究をはじめる。その後は、取得したノウハウを実践するために、サラリーマン時代より、副業でそのノウハウを実践し、マーケティングの威力を体感する。また、2008年に企業のWEBマスターとなり、さまざまなプロジェクトに参加。その中での主な実績は、500万円も満たない機器メーカーの会社の売上を2.5億円にしたり、1000万円にも満たない営業会社の売上を10億円にして、評価を得る。その後も、マーケティングをさらに研究し、スキルを高めた。

それまでの実績をベースに、2013年に株式会社REMSLILAを設立し、第2の人生を起業家としてスタートさせる。また、起業すると同時に著書『売り込まずにお客が殺到するネット集客法』を出版し、書籍ランキング1位を獲得。その後、毎年出版を続け、9冊の著書がある。

心理を活用したマーケティングを得意とし、人脈なし、コネなし、実績なしの状態から起業後わずか5年で述べ1000社以上のクライアントをサポート。そのクライアントは上場企業から町の小さな商店まで幅広く、北は北海道から南は沖縄まで、さらに遠くはギリシャやコロンビア、フランス、アメリカなどにクライアントを抱えサポートをおこなう。


またプライベートでは、こどもの教育を最優先に考えカナダのバーナビーに在住。その卓越したマーケティング手法は、数々の雑誌メディア取り上げられ、テレビ番組のメインキャストを務めるほか、ラジオ番組でのパーソナリティーとしても活躍中の起業家。

企画・進行▶ 湯浅勝也
販売部担当▶ 杉野友昭　西牧孝　木村俊介
販売部▶ 辻野純一　薗田幸浩　亀井紀久正　平田俊也　鈴木将仁
営業部▶ 平島実　荒牧義人
広報宣伝室▶ 遠藤あけ美
メディア・プロモーション▶ 保坂陽介
FAX：03-5360-8052　Mail：info@TG-NET.co.jp

10歳から始める！ 起業家になるための「7つのレッスン」
こどもが将来「会社」「組織」に頼らず、自分で生きていくために!!

2020年7月24日　初版第1刷発行

著　者　船ヶ山哲
発行者　廣瀬和二
発行所　辰巳出版株式会社
〒160-0022
東京都新宿区新宿 2丁目15番14号　辰巳ビル
TEL　03-5360-8960（編集部）
TEL　03-5360-8064（販売部）
FAX　03-5360-8951（販売部）
URL　http://www.TG-NET.co.jp
印刷・製本　図書印刷株式会社

ISBN978-4-7778-2623-0　C0037